D1784844

Cartea de bucate pentru ciowder definitivă

100 de rețete delicioase pentru orice gust și ocazie. Mâncare clasică confortabilă cu răsturnări creative, opțiuni cu conținut scăzut de grăsimi și opțiuni vegetariene Rețete cu fructe de mare, porumb, scoici și bacon

Victor Nițu

Material cu drepturi de autor ©2023

Toate drepturile rezervate

Fără acordul scris corespunzător al editorului şi al proprietarului drepturilor de autor, această carte nu poate fi folosită sau distribuită în niciun fel, formă sau formă, cu excepţia citatelor scurte utilizate într-o recenzie. Această carte nu trebuie considerată un substitut al sfaturilor medicale, juridice sau de altă natură profesională.

CUPRINS

INTRODUCERE

În această carte de bucate, am adunat 100 de rețete de soare delicioase, care sunt perfecte pentru orice ocazie. Chowderele sunt o mâncare clasică de confort, care se bucură de generații și am inclus o mare varietate de rețete pentru a se potrivi fiecărui gust și preferință alimentară.

Rețetele noastre variază de la sopa tradițională de scoici din New England până la sopa de fructe de mare picantă în stil Cajun, tovară cremoasă de porumb până la slănină copioasă și tofă de cartofi. Am inclus, de asemenea, răsturnări creative ale vechilor preferate, cum ar fi o sodă de cartofi dulci și slănină sau o sodă de pui și porumb.

Pentru cei care sunt în căutarea unor opțiuni mai sănătoase, am inclus rețete de tofure cu conținut scăzut de grăsimi și vegetariene, care sunt la fel de aromate și reconfortante ca și omologii lor tradiționali.

Fiecare rețetă din această carte de bucate include instrucțiuni pas cu pas și fotografii frumoase, astfel încât să puteți vedea exact cum ar trebui să arate soda ta. Am inclus, de asemenea, sfaturi și trucuri pentru obținerea consistenței și aromei perfecte, astfel încât să vă puteți impresiona prietenii și familia cu abilitățile dumneavoastră culinare.

Indiferent dacă doriți să vă încălziți într-o noapte rece de iarnă, să savurați un castron cu supă la prânz sau să vă impresionați oaspeții la următoarea petrecere, această carte de bucate are ceva pentru toată lumea. Așadar, vino alături de noi într-o călătorie prin lumea sodrei și descoperă posibilitățile nesfârșite ale acestei alimente clasice de confort.

PESTE SI FRUCTE DE MARE

1. Supă de ciorbă de scoici la conserva

Produce: 4-5 borcane

INGREDIENTE:
- Carne de porc sărată, ½ kilogram, tăiată cubulețe
- Ceapa, tocata
- 12-16 căni de scoici, tocate
- 8 cani de cartofi, taiati cubulete si curatati de coaja
- 8 căni de apă clocotită
- Sare si piper, dupa gust
- 2 cani de rosii, fierte
- ½ cană de țelină, tocată
- ½ frunză de dafin
- ½ lingură de cimbru

INSTRUCȚIUNI:
a) Pregătiți conserva sub presiune. Adăugați apă în recipientul sub presiune. Introduceți trivet și aduceți-l la fiert la foc mediu pe aragaz. Pune borcanele goale în apa clocotită timp de 5-10 minute. Dar, nu fierbe. Când este gata, ține-o deoparte.

b) Adăugați carnea de porc cu sare în cratiță și gătiți până se rumenește ușor.

c) Adăugați ceapa și gătiți până se înmoaie. Apoi, adăugați apă, cartofii și scoici și aduceți-o la fiert, timp de aproximativ 10 minute.

d) Așezați baza de sodă în borcane, leavând un spațiu de cap de 1 inch.

e) Îndepărtați orice bule de aer.

f) Puneți borcanele în recipientul sub presiune și procesați-le timp de 1 orăși 40 de minute.

g) Când este gata, scoateți borcanele din recipientul sub presiune.

2. Conserve de pește

Produce: 5 halbe

INGREDIENTE:
- 2 kg de pește proaspăt, dezosat și decojit
- 6 roșii mari
- 2 catei de usturoi
- 2 lingurite de zahar
- 1⁄2 linguriță sare de țelină
- 1 liniuță de cayenne
- 4 cani de cartofi curatati si taiati cubulete
- 1⁄2 cană ceapă tocată
- 1⁄4 cană piment tocat
- 3 felii de bacon, gătite crocant, scurse și mărunțite
- 1 lingura suc de lamaie

INSTRUCȚIUNI:
a) Tăiați peștele într-o bucată.
b) Înmuiați timp de 1 oră într-o soluție de saramură formată din 8 căni de apă și ½ cană de sare. Scurgeți peștele.
c) Combinați 3 căni de apă, roșii, usturoi, zahăr, 1 linguriță de sare, sare de țelină și o strop de cayenne.
d) Acoperiți și fierbeți timp de 20 de minute. Adăugați ingredientele rămase.
e) Aduceți la fiert și gătiți doar pentru a încălzi legumele. Adăugați pește. Împachetați în borcane fierbinți, lăsând un spațiu de cap de 1 inch.
f) Reglați capacele. Procesați într-un recipient sub presiune, la 10 lire, halbe și litri 100 de minute.

3. Ciodă de peşte gros

Portie: 8
Ingrediente
3 fasii de bacon, taiate cubulete
1 ceapa mare, tocata
1 cățel de usturoi, tocat
1 conserve (14-1/2 uncii) de roșii înăbușite
4 căni de apă
3/4 lingurita de chimen macinat
1/2 lingurita sare
1/4 linguriță turmeric măcinat
Piper piper
2 cartofi medii, curatati de coaja si taiati cubulete
1 kilogram de cod, tăiat în bucăți de 3/4 inci
1 pachet (10 uncii) de porumb sâmbure întreg congelat,
dezghețat
1 lingura otet de cidru
UNT DE USSturoi:
1/2 cană unt, înmuiat
2 linguri patrunjel proaspat tocat
2 linguri suc de lamaie
2 catei de usturoi, tocati
Biscuiti in forma de peste, optional

Direcţie

a) Gatiti baconul intr-o cratita mare pana devine maro si crocant.

b) Luaţi de pe foc şi lăsaţi deoparte folosind o ustensile cu crestături.

c) Folosind aceeaşi tigaie, gătiţi usturoiul şi ceapa în grăsimea de bacon până devin fragede. Se amestecă apa, piper, turmeric, sare, roşii şi chimen şi se lasă să fiarbă. Adăugaţi cartofii şi fierbeţi timp de 15 minute sau până când cartofii devin fragezi.

d) Adăugaţi oţet, peşte şi porumb; se lasa sa fiarba pana pestele devine usor fulgi cu o furculita sau aproximativ 10 minute. Se amestecă slănina rezervată.

e) Pentru a face untul de usturoi, bate usturoiul, pătrunjelul, zeama de lămâie şi untul într-un recipient mic până devine pufos. Serviţi supa cu o praf de unt de usturoi deasupra; includeţi biscuiţi dacă doriţi.

4. Cioda de cocos cu lapte de cocos

INGREDIENTE:

- 1 lb. carne de conc
- 1/4 cană ulei de gătit, împărțit
- 2 cepe verde, tocate
- 1 morcov, tăiat cubulețe
- 1 tulpină de țelină, tăiată cubulețe
- 1 ardei gras rosu mic, taiat cubulete
- ½ boabe de porumb proaspete
- 2 linguri de făină universală
- 1 sfert jumătate și jumătate
- Cutie de 14 uncii de lapte de cocos
- 2 cesti bulion de peste
- 1 ½ linguriță rădăcină de ghimbir proaspăt rasă
- Sare si piper dupa gust
- 1 ½ linguriță sos iute
- 1 legătură de coriandru proaspăt (coriandru), tocat

INSTRUCȚIUNI:

a) Pune carnea de conc într-o oală cu suficientă apă pentru a se acoperi și aduce la fierbere. Gatiti 15 minute.

b) Se scurge si se toaca marunt.

c) Topiți 2 linguri de ulei într-o tigaie la foc mediu și amestecați ceapa verde, morcovii, țelina, ardeiul roșu și porumbul. Gatiti si amestecati 5 minute.

d) Topiți restul de 2 linguri de ulei într-o oală mare și amestecați făina pentru a crea un roux. Se toarnă jumătate și jumătate, lapte de cocos și supa de pește. Se amestecă ghimbirul și se condimentează cu sare și piper.

e) Se amestecă conca și legumele în oală. Se aduce la fierbere, se reduce focul la mic și se fierbe timp de 15 minute. Amestecați sosul iute și coriandru (coriandru). Continuați să gătiți timp de 15 minute sau până la consistența dorită.

5. Ciodă de creveți și dovleac

Face: 4 portii

INGREDIENTE
- 2 cepe, feliate
- 2 morcovi, feliați subțiri
- 1 lingură coriandru proaspăt tăiat
- 2 lingurițe de ghimbir proaspăt ras
- 2 catei de usturoi, tocati
- ½ linguriță de ienibahar măcinat
- 2 linguri ulei de masline
- Cutie de 14 uncii de bulion de pui
- Cutie de dovleac de 15 uncii
- 1½ cani de lapte cu grasimi reduse
- Pachet de 8 uncii de creveți fierți congelați, decojiți și devenați, decongelați
- Creveți proaspeți în coajă, decojiți, devenați și fierți
- Arpagic proaspăt tăiat

INSTRUCȚIUNI
a) Gatiti ceapa, morcovii, coriandru, ghimbirul, usturoiul si ienibaharul in ulei incins intr-o cratita la foc mediu timp de 14 minute sau pana cand legumele sunt moi.
b) Transferați amestecul în bolul unui robot de bucătărie.
c) Adăugați ½ cană de bulion de pui.
d) Procesați până când este aproape omogen.
e) Combinați dovleacul, laptele și bulionul rămas în aceeași cratiță.
f) Adăugați 8 uncii de creveți și amestecul combinat de legume și gătiți.
g) Turnați supa în vase.
h) Se ornează cu arpagic tocat.

6. Ciodă de scoici, creveți și crabi

Face: 10 porții

INGREDIENTE

- ½ kg de bacon, tocat
- 1 ceapă galbenă mare, tăiată cubulețe
- 2 morcovi medii, curatati de coaja si taiati cubulete
- 2 tulpini de telina, taiate cubulete
- 2½ căni de stoc de fructe de mare
- 2 cartofi rosii mari, curatati si taiati cubulete
- 3 catei de usturoi, tocati
- ¾ cană (1½ batoane) unt sărat
- ¾ cană făină universală
- 2 căni de smântână groasă
- 2 cani de lapte integral
- 1 cană scoici tocate
- ½ cană de carne de crab
- 2 lingurite sare kosher
- 1 lingurita piper negru macinat
- ½ kg de creveți cruzi medii, curățați și devenați
- 2 linguri patrunjel proaspat tocat

INSTRUCȚIUNI

a) Arunca baconul intr-o oala mare si dai focul la mediu. Gatiti baconul pana devine crocant. Apoi scoateți-l din oală, rezervând grăsimea din oală, și puneți slănina deoparte.

b) Adăugați ceapa, morcovul și țelina în oală. Gatiti pana cand sunt frumosi si fragezi, apoi turnati supa de fructe de mare. Adăugați cartofii și usturoiul și fierbeți aproximativ 15 minute, încă la foc mediu.

c) În timp ce se gătește, într-o cratiță medie, adăugați untul și topiți-l la foc mediu. Se presară făina și se amestecă. Gatiti 3 minute, amestecand continuu, apoi turnati smantana si laptele. Asigurați-vă că bateți astfel încât să nu aibă cocoloașe!

d) Turnați amestecul de unt și făină în oala mare cu celelalte ingrediente și amestecați. Adăugați scoici, crabul, sare și piper negru. Se amestecă ingredientele, apoi se reduce focul la mic.

e) Adăugați creveții și baconul și amestecați. Se fierbe timp de 15 minute. Completați cu pătrunjel proaspăt înainte de servire.

7. Cioda de peste

Produce: 8

INGREDIENTE:
- Cutie de roşii tăiate cubulețe de 32 uncii
- 2 linguri ulei de masline
- ¼ cană țelină tocată
- ½ cană bulion de pește
- ½ cană de vin alb
- 1 cană suc V8 picant
- 1 ardei gras verde tocat
- 1 ceapa tocata
- 4 catei de usturoi tocati
- Sarați piperul după gust
- 1 lingurita condimente italiene
- 2 morcovi curatati si taiati felii
- 2 ½ kilograme tilapia tăiată
- ½ kilograme de creveți decojiți și devenați

INSTRUCȚIUNI:
a) În oala mare, încălziți mai întâi uleiul de măsline.
b) Fierbeți ardeiul gras, ceapa și țelina timp de 5 minute într-o tigaie fierbinte.
c) După aceea, adăugați usturoiul. Gatiti 1 minut dupa aceea.
d) Într-un castron mare, combinați toate ingredientele rămase, cu excepția fructelor de mare.
e) Gatiti tocanita timp de 40 de minute la foc mic.
f) Adăugați tilapia și creveții și amestecați pentru a se combina.
g) Se fierbe încă 5 minute.
h) Gustați și ajustați condimentele înainte de servire.

8. Cioa de scoici din New England

INGREDIENTE:

- 6–7 felii de bacon, tăiate în bucăți mici
- 3 linguri de faina
- 1 kilogram de cartofi roșii sau galbeni
- 1 cană smântână groasă
- 1 ceapă albă medie, tăiată cubulețe
- 1 cană lapte, împărțit
- 1 cutie (10 oz) de scoici întregi
- 1 cană supă de oase de pui, împărțită
- 2 tulpini de telina, tocate marunt
- 3 linguri de unt nesarat
- 1 lingurita buruiana de marar
- sare si piper dupa gust

INSTRUCȚIUNI:

a) Într-o cratiță medie, gătiți baconul la foc mediu până devine crocant. Se amestecă din când în când (aproximativ 10 minute).

b) În timp ce slănina se gătește, faceți supă cremă de bulion de țelină. Într-o tigaie medie, topește untul la foc mediu. Se adaugă ¼ de cană de ceapă tocată și se călește până se parfumează (3-5 minute).

c) Adăugați țelina în tigaie; se amestecă și se fierbe timp de 2-3 minute.

d) Se presară cu făină și se călesc cu ceapă și țelină timp de un minut sau două.

e) Se amestecă ½ cană de lapte integral și ½ cană bulion de pui. Aduceți la fiert și gătiți timp de 5-8 minute până se îngroașă.

f) În timp ce supa cremă de bulion de țelină fierbe, baconul ar trebui să fie gata. Amestecați restul de ceapă în cratiță și gătiți până devine translucid.

g) Adăugați sucul de la scoici și ½ cană bulion de pui, urmat de cartofi. Acoperiți și gătiți la foc mediu până când cartofii sunt fragezi la furculiță (aproximativ 15-20 de minute). Se amestecă din când în când.

h) În timp ce cartofii se gătesc, verificați și completați supa cremă de bulion de țelină.

i) Odată ce cartofii sunt gata, adăugați scoici, supă cremă de bulion de țelină, ½ cană de lapte, smântână groasă și iarba de mărar. Se amestecă totul în mod constant și se fierbe sopa la foc mediu-mic pentru încă 5 minute. Se condimentează cu sare si piper dupa gust. Servi.

9. Ciodă de pește sănătoasă

INGREDIENTE:

- 1 kg file de tilapia
- 1 kilogram de cartofi galbeni
- 12 uncii morcovi
- 1 buchet mic de coriandru proaspăt
- ½ cană ceapă albă, tocată
- 8 cesti supa de oase de pui (4 cutii)
- Ulei de măsline, sare și piper
- 2 lingurițe de condiment Old Bay
- Roți de lămâie pentru servire

INSTRUCȚIUNI:

a) Preîncălziți cuptorul la 350°F. Dezghețați peștele și uscați-l cu un prosop de hârtie. Ungeți peștele cu ulei de măsline. Presărați câte un strop de sare și piper pe fiecare file.

b) Așezați fileurile de pește pregătite într-o tavă de copt fără a se suprapune. Coaceți timp de 14 minute.

c) În timp ce peștele se coace, adăugați bulion de oase de pui într-o cratiță mare și aduceți la fierbere rapid.

d) Curățați și tăiați morcovii și cartofii. Puneți-le în bulionul de oase care fierbe, apoi reduceți căldura la mediu-mare. Acoperiți pentru a găti timp de 15 minute sau până când legumele sunt fragede.

e) Transferați legumele și suficient bulion într-un blender, adăugați coriandru și ceapa și amestecați timp de 10 secunde sau până când se omogenizează. Acum ai făcut o bază sănătoasă de sodă.

f) Reveniți baza de sodă în aceeași cratiță.

g) Folosește o furculiță pentru a rupe peștele fiert în bucăți mici și a transfera bucățile de pește în baza de cipă.

h) Adăugați condimente Old Bay și amestecați bine. Mai fierbeți încă 5 minute la foc mediu.

i) Se servesc cu un strop de suc de lamaie si paine prajita.

10. Cioda de legume cu somon

Porții: 4 porții

INGREDIENTE:
- 2 fileuri de somon, cu pielea îndepărtată și tăiate în bucăți mici
- 1 ½ cani ceapa alba, tocata marunt
- 1 ½ cană de cartof dulce, decojit și tăiat cubulețe
- 1 cană buchețele de broccoli, tăiate în bucăți mici
- 3 cesti supa de pui
- 2 cani de lapte integral
- 2 linguri de făină universală
- 1 lingurita de cimbru uscat
- 3 linguri de unt nesarat
- 1 frunză de dafin
- Sare si piper dupa gust
- Pătrunjel plat, tocat mărunt

INSTRUCȚIUNI:
a) Gatiti ceapa tocata in unt nesarat pana devine translucida. Se amestecă făina și se amestecă bine cu untul și ceapa. Se toarnă bulion de pui și lapte, apoi se adaugă cubulețe de cartofi dulci, foi de dafin și cimbru.

b) Lăsați amestecul să fiarbă 5-10 minute, amestecând din când în când.

c) Adăugați somonul și buchețelele de broccoli. Apoi, gătiți timp de 5-8 minute.

d) Asezonați cu sare și piper și ajustați gustul când este necesar.

e) Se transferă în boluri individuale mici și se ornează cu pătrunjel tocat.

11. Cioda de somon si porumb

- 1 kg file de somon
- 2 spice de porumb proaspat
- 2 linguri ulei de masline
- 1 ceapa medie tocata marunt
- 1 cartof Yukon gold mediu, tăiat cubulețe
- 2 cani de lapte integral
- 1 cană smântână ușoară
- 4 linguri de unt nesarat
- ½ linguriță sos Worcestershire
- ¼ cană tarhon tocat mărunt
- 1 lingurita boia
- Sare și piper negru proaspăt măcinat
- Biscuiți cu stridii

a) Preîncălziți un grătar.

b) Așezați somonul și știuleții de porumb pe grătarul uns cu ulei. Gatiti 6 minute; apoi întoarceți și gătiți încă 4 până la 5 minute. Pus deoparte.

c) Cu un cuțit ascuțit, scoateți porumbul de pe știuleți și tăiați somonul în bucăți mici. Pus deoparte.

d) Se încălzește 1 lingură de ulei într-o cratiță de 4 litri la foc mediu-mare. Adăugați ceapa și cartoful. Gatiti, acoperit, aproximativ 10 minute, sau pana ce ceapa este moale. Adăugați laptele, smântâna, untul și sosul Worcestershire. Se fierbe aproximativ 10 minute, sau până când cartofii sunt moi

e) Se amestecă porumbul, somonul, tarhonul, boia de ardei, sare și piper și se fierbe timp de 5 minute.

f) Transferați în boluri și serviți imediat cu biscuiți de stridii.

12. Cioda John Dory

Porti 4

- 500 g (1 lb) midii, curățate
- 150 ml (¼ halbă) cidru de Cornish
- 25 g (1 oz) unt
- 100 g bucată de slănină afumată fără coajă
- 1 ceapa mica, tocata marunt
- 20 g (¾ oz) făină simplă
- 1 litru de lapte smântână
- 2 cartofi
- 1 frunză de dafin
- 225 g (8 oz) file John Dory
- 120 ml smantana dubla
- praf de piper cayenne
- sare si piper alb proaspat macinat
- 2 linguri patrunjel proaspat tocat

a) Pune midiile curățate și cidrul într-o tigaie de mărime medie la foc mare. Acoperiți și gătiți timp de 2-3 minute sau până când tocmai s-au deschis, scuturând tigaia din când în când.

b) Topiți untul într-o altă tigaie, adăugați baconul și prăjiți până devine ușor auriu. Adăugați ceapa și gătiți ușor timp de 5 minute sau până când ceapa se înmoaie.

c) Se amestecă făina și se fierbe timp de 1 minut. Se amestecă treptat laptele și apoi se adaugă tot, cu excepția ultimei linguri sau două, din lichiorul de gătit pentru midii. Adăugați cartofii și frunza de dafin și 1 linguriță rată de sare și fierbeți.

d) Scoateți frunza de dafin, adăugați bucățile de John Dory și fierbeți timp de 2-3 minute sau până când peștele este tocmai fiert. Se amestecă smântâna dublă.

e) Se ia de pe foc si se amesteca midiile.

13. Ciodă de scoici, creveți și crabi

INGREDIENTE

½ kg de bacon, tocat

1 ceapă galbenă mare, tăiată cubulețe

2 morcovi medii, curatati de coaja si taiati cubulete

2 tulpini de telina, taiate cubulete

2½ căni de stoc de fructe de mare

2 cartofi rosii mari, curatati si taiati cubulete

3 catei de usturoi, tocati

¼ cană (1½ batoane) unt sărat

¼ cană făină universală

2 căni de smântână groasă

2 cani de lapte integral

1 cană scoici tocate

½ cană de carne de crab

2 lingurite sare kosher

1 lingurita piper negru macinat

½ kg de creveți cruzi medii, curățați și devenați

2 linguri patrunjel proaspat tocat

DIRECTII

Arunca baconul intr-o oala mare si dai focul la mediu. Gatiti baconul pana devine crocant. Apoi scoateți-l din oală, rezervând grăsimea din oală, și puneți slănina deoparte.

Adăugați ceapa, morcovul și țelina în oală. Gatiti pana cand sunt frumosi si fragezi, apoi turnati supa de fructe de mare. Adăugați cartofii și usturoiul și fierbeți aproximativ 15 minute, încă la foc mediu.

În timp ce se gătește, într-o cratiță medie, adăugați untul și topiți-l la foc mediu. Se presară făina și se amestecă. Gatiti 3 minute, amestecand continuu, apoi turnati smantana si laptele. Asigurați-vă că bateți astfel încât să nu aibă cocoloașe!

Turnați amestecul de unt și făină în oala mare cu celelalte ingrediente și amestecați. Adăugați scoici, crabul, sare și piper negru. Se amestecă ingredientele, apoi se reduce focul la mic.

Adăugați creveții și baconul și amestecați. Se fierbe timp de 15 minute. Completați cu pătrunjel proaspăt înainte de servire.

14. Cioda de somon si porumb

Ingrediente:

- File de somon de 1 kg
- 2 spice de porumb proaspat
- 2 linguri ulei de masline
- 1 ceapa medie tocata marunt
- 1 cartof Yukon gold mediu, tăiat cubulețe
- 2 cani de lapte integral
- 1 cană smântână ușoară
- 4 linguri de unt nesarat
- ½ linguriță sos Worcestershire
- ¼ cană tarhon tocat mărunt
- 1 lingurita boia
- Sare și piper negru proaspăt măcinat
- Biscuiți cu stridii

Directii:

a) Preîncălziți un grătar.

b) Așezați somonul și știuleții de porumb pe grătarul uns cu ulei. Gatiti 6 minute; apoi întoarceți și gătiți încă 4 până la 5 minute. Pus deoparte.

c) Cu un cuțit ascuțit, scoateți porumbul de pe știuleți și tăiați somonul în bucăți mici. Pus deoparte.

d) Se încălzește 1 lingură de ulei într-o cratiță de 4 litri la foc mediu-mare. Adăugați ceapa și cartoful. Gatiti, acoperit, aproximativ 10 minute, sau pana ce ceapa este moale. Adăugați laptele, smântâna, untul și sosul Worcestershire. Se fierbe aproximativ 10 minute, sau până când cartofii sunt moi

e) Se amestecă porumbul, somonul, tarhonul, boia de ardei, sare și piper și se fierbe timp de 5 minute.

f) Transferați în boluri și serviți imediat cu biscuiți de stridii.

15. Cioda de scoici de dafin

Randament: 12 portii

Ingredient

- 3 linguri de unt
- 2 uncii de bacon afumat
- 1 ceapă mare, tocată fin
- 1 cățel(i) de usturoi mare, tocat
- ½ linguriță de ardei roșu măcinat
- 6 căni bulion de scoici îmbuteliat
- 6 căni de supă de pui
- 2 frunze de dafin
- 5 crengute de patrunjel
- 3 crengute de cimbru
- 8 boabe de piper negru
- 1½ kilograme de cartofi Yukon Gold
- 2¼ cană smântână grea
- 2 linguri amidon de porumb
- 2 praz mari
- 1/8 inch grosime
- 1½ kilograme de scoici de golf
- Sare si piper
- ¼ cană Arpagic, tocat mărunt

Directii

a) Topiți untul într-o caserolă mare de fontă emailată. Adăugați slănina și gătiți la foc moderat, amestecând, până se rumenește ușor, aproximativ 2 minute. Adăugați ceapa și gătiți, amestecând ocazional, până se înmoaie, aproximativ 7 minute. Se amestecă usturoiul și ceapa roșie zdrobită și gătiți, amestecând, pana cand usturoiul este parfumat, aproximativ 2 minute

b) Adăugați bulionul de scoici, bulionul de pui și buchet garni în caserolă și aduceți la fierbere la foc mare. Reduceți focul la moderat și fierbeți timp de 20 de minute

c) Adăugați cartofii tăiați cubulețe în supă și gătiți la foc moderat până se înmoaie, aproximativ 10 minute Aruncați buchetul de garnitură.

d) Într-un castron mediu, amestecați ¼ de cană de smântână groasă cu amidonul de porumb până se omogenizează. Bateți restul de 2 căni de smântână, apoi amestecați amestecul în supă. Aduceți supa la fierbere la foc moderat. Adăugați prazul și gătiți până se înmoaie, aproximativ 4 minute

e) Se amestecă scoicile în sodiu și se gătesc la foc moderat doar până când se opacesc pe tot parcursul, 2-3 min; nu lăsa supa să fiarbă. Asezonați cu sare și piper. Puneți sopa într-o pană sau boluri individuale. Se ornează cu arpagicul tocat și se servește imediat.

16. Ciodă de creveți și dovleac

Face: 4 portii

INGREDIENTE

- 2 cepe, feliate
- 2 morcovi, feliați subțiri
- 1 lingură coriandru proaspăt tăiat
- 2 lingurițe de ghimbir proaspăt ras
- 2 catei de usturoi, tocati
- ½ linguriță de ienibahar măcinat
- 2 linguri ulei de masline
- Cutie de 14 uncii de bulion de pui
- Cutie de dovleac de 15 uncii
- 1½ cani de lapte cu grasimi reduse
- Pachet de 8 uncii de creveți fierți congelați, decojiți și devenați, decongelați
- Creveți proaspeți în coajă, decojiți, devenați și fierți
- Arpagic proaspăt tăiat

INSTRUCȚIUNI

a) Gatiti ceapa, morcovii, coriandru, ghimbirul, usturoiul si ienibaharul in ulei incins intr-o cratita la foc mediu timp de 14 minute sau pana cand legumele sunt moi.

b) Transferați amestecul în bolul unui robot de bucătărie.

c) Adăugați ½ cană de bulion de pui.

d) Procesați până când este aproape omogen.

e) Combinați dovleacul, laptele și bulionul rămas în aceeași cratiță.

f) Adăugați 8 uncii de creveți și amestecul combinat de legume și gătiți.

g) Turnați supa în vase.

h) Se ornează cu arpagic tocat.

17. Ciodă de creveți și fenicul

Produce: 6

INGREDIENTE:
- 2 linguri ulei de masline
- 2 căni de fenicul tăiat subțire
- 1½ cani de praz tocat
- 1½ cani de telina tocata
- 1 lingura de usturoi tocat
- 1 cană de vin alb sec
- Conserve de 28 uncii de roșii tăiate cubulețe, fără sare adăugată, prăjite la foc
- 1 cartof ruginiu, decojit și tăiat în cuburi de ½ inch
- 1 cană apă
- 1 cană suc de scoici
- 1 lingurita sare kosher
- ⅛ linguriță fire de șofran
- 1 kilogram de creveți cruzi, decojiți și devenați

INSTRUCȚIUNI:
a) Încinge uleiul într-o tigaie antiaderentă la foc moderat. Adăugați feniculul, prazul, țelina și usturoiul în tigaie; gătiți, amestecând din când în când până când legumele se înmoaie și se caramelizează ușor, 6 până la 8 minute. Adăugați vinul în tigaie; gătiți timp de 1 minut, amestecând și răzuind pentru a slăbi bucățile rumenite de pe fundul tigaii. Transferați amestecul într-un Crockpot.

b) Amestecați roșiile, cartofii, apa, sucul de scoici, sarea și firele de șofran în Crockpot. Gătiți lent, acoperit, până când cartoful este fraged, 5 până la 6 ore. Creșteți căldura Crockpot la MARE; se amestecă creveții.

c) Acoperiți și gătiți până când creveții sunt gata, 5 până la 7 minute. Puneți soba în boluri și serviți fierbinte.

18. Ciodă de eglefin, praz şi cartofi

- 1/4 file de eglefin
- 25 g Praz feliat
- 25 g Herby Cubulete
- Cartof
- 15 g ceapa taiata cubulete
- 250 ml crema
- 100 ml supa de pește
- Pătrunjel tocat

a) Prăjiți prazul spălat și tocat.
b) Cand prazul s-a inmuiat adaugati cartoful si ceapa.
c) Odată ce legumele sunt calde adăugați smântâna și bulionul și aduceți la fiert. Se reduce la fierbere și se adaugă eglefinul tocat.
d) Fierbeti 10 minute si adaugati patrunjel tocat in timp ce serviti.

19. Supă de creveți jamaicani

INGREDIENTE:

- 2 linguri Pasta de curry verde
- 1 cană bulion de legume
- 1 cană lapte de cocos
- 6 oz. Creveți prefierți
- 5 oz. Florele de broccoli
- 3 linguri Cilantro, tocat
- 2 linguri ulei de cocos
- 1 lingura sos de soia
- Suc de ½ lime
- 1 ceapa de primavara medie, tocata
- 1 lingurita de usturoi prajit zdrobit
- 1 lingurita Ghimbir tocat
- 1 lingurita Sos de peste
- ½ linguriță Turmeric
- ½ cană smântână

INSTRUCȚIUNI:

- Într-o cratiță de mărime medie, topește uleiul de cocos.
- Adăugați usturoiul, ghimbirul, ceapa primăvară, pasta de curry verde și turmeric. Adăugați sosul de soia și sosul de pește.
- Gatiti 2 minute.
- Adăugați supa de legume și laptele de cocos și amestecați bine. Gatiti cateva minute la foc mic.
- Adăugați buchețelele de broccoli și coriandru și amestecați bine după ce curry s-a îngroșat puțin.
- Când sunteți mulțumit de consistența curryului, adăugați creveții și sucul de lime și amestecați totul.
- Gatiti cateva minute la foc mic. Dacă este necesar, asezonați cu sare și piper.

20. Calaloo înăbușit

INGREDIENTE:

- Frunze de calaloo tocate
- 3 linguri de ulei vegetal
- 2 catei de usturoi tocati
- 2 cepe medii
- 1 cană lapte de cocos
- Sare
- Piper
- Sos de ardei iute

INSTRUCȚIUNI:

a) Încinge uleiul într-o cratiță grea. Adăugați ceapa și usturoiul tocate. Când se înmoaie, adăugați frunze de calaoo și amestecați până când sunt acoperite cu ulei și se ofilesc.

b) Adăugați lapte de cocos până când este suficient pentru a acoperi calaloo. Fierbeți până când calaloo este moale și cea mai mare parte a laptelui s-a evaporat.

c) Adăugați condimente și serviți ca legumă.

21. Supă de creveți cu nucă de cocos

FACE: 4

INGREDIENTE:
- 600 g de creveți cruzi, devenați
- 1 ceapa mica tocata
- 2 morcovi de marime medie tocati
- 1 ardei gras rosu tocat
- 2-3 căni de spanac sau kale, tocate
- 2 ceapă tocată
- o mână de bame întregi
- 4 catei de usturoi tocati
- 1 lingura de ghimbir tocat
- 1 cutie de lapte de cocos
- 1 litru de supa de legume
- 1 lingurita de condimente pentru fructe de mare
- 1 lingurita de piper negru
- 5 crengute de cimbru proaspat
- 2 lingurite de patrunjel
- 1 capota scotch
- ¼ de linguriță de fulgi de chili roșu pentru căldură
- un strop de suc proaspăt de lămâie
- ⅛ linguriță de sare roz de Himalaya
- ulei de cocos
- 1 lingura de tapioca amestecata cu 2 linguri de apa calda pentru o supa mai groasa

INSTRUCȚIUNI:
a) Puneți creveții într-un castron mediu și marinați cu condimentele de fructe de mare, apoi lăsați deoparte.
b) Topiți 2 linguri de ulei de cocos într-o cratiță mare la foc mediu.
c) Continuați să adăugați ceapa, ceapa și usturoiul, apoi prăjiți până când devine moale și translucide.
d) Adăugați morcovii, usturoiul, ardeiul gras și spanacul și continuați să gătiți timp de 5 minute
e) Adăugați piperul negru, pătrunjelul, cimbru și fulgii de chili (dacă folosiți) și amestecați și combinați cu legumele.

f) Turnați bulionul de legume și laptele de cocos în cratiță apoi aduceți la fierbere

g) Adăugați scotch bonnet și apoi reduceți căldura la minim cu capacul pus.

h) Se fierbe timp de 20 de minute

i) După 15 minute, adăugați bame și creveții și amestecați pasta de tapioca dacă doriți ca supa să fie puțin mai groasă

j) Stoarceți limea peste toată supa și lăsați să fiarbă încă 5 minute.

22. Supă de porumb și creveți

FACE 8 PORȚII

INGREDIENTE:

- 2 kilograme de creveți medii în coajă cu capete
- 8 spice de porumb
- 1 baton de unt
- ½ cană făină universală
- 1 ceapa mare, tocata
- 3 cepe verde, tocate, părțile albe și cele verzi separate
- 1 ardei gras verde, tocat
- 2 tulpini de telina, tocate
- 1 lingurita de usturoi tocat
- 1 cutie (10 uncii) roșii Ro-Tel originale și ardei iute verzi
- Sare, piper negru proaspăt măcinat și condimente creole, după gust
- ½ gal de smântână groasă
- 2 linguri patrunjel cu frunze plate tocat

INSTRUCȚIUNI:

a) Scoateți capul, curățați și devenați creveții, punând capetele și cojile într-o oală mare. Pune creveții deoparte la frigider.

b) Folosind un cuțit foarte ascuțit, tăiați boabele de pe știuleții de porumb într-un castron foarte mare. Folosind un cuțit de masă plictisitor, răzuiți știuleții pentru a elibera tot sucul de porumb în bol. Pus deoparte.

c) Adăugați știuleții de porumb în oala cu cojile de creveți. Adaugati apa cat sa acopere cojile si stiuletii si aduceti la fiert. Reduceți focul la mediu și fierbeți timp de 30 de minute, fără acoperire. Când s-a răcit ușor, strecurați bulionul într-o cană mare de măsurat și aruncați cojile și știuleții. Ar trebui să aveți 8 căni de stoc; dacă nu, adăugați suficientă apă pentru a face 8 căni de lichid.

d) Într-o oală mare, grea, topește untul la foc mediu; se adauga faina si se caleste, amestecand continuu, pana cand roux-ul capata culoarea caramelului de unt.

e) Adăugați ceapa, părțile albe de ceapă verde, ardeiul gras, țelina și usturoiul și gătiți până când ceapa devine translucidă. Adăugați roșiile și amestecați treptat supa. Se condimentează cu sare, piper și condimente creole și se fierbe, acoperit, timp de aproximativ 15 minute. Adăugați porumbul și gătiți încă 10 minute. Adaugati crevetii si gatiti pana devin roz, aproximativ 2 minute. Adăugați smântâna, blaturile de ceapă verde și pătrunjelul. Când este gata de servire, încălziți ușor. Nu fierbe.

23. Supă de scoici

INGREDIENTE

1 Pachet Supă Cremă de bază, preparată
0,50 lb. Bacon, cubulete mici
0,75 lb. Ceapă, tăiată cubuleţe mici
0,50 lb. Ţelină, cubuleţe mici
3 lbs. Scoici, tocate şi suc (o cutie nr. 5)
2 lbs. Cartofi, fierţi şi tăiaţi cubuleţe
½ cană pătrunjel tocat

INSTRUCŢIUNI:

1.Pregătiţi baza de supă cremă conform instrucţiunilor de pe ambalaj.
2.Într-o oală separată, pune slănina până devine crocantă. Adăugaţi ceapa şi ţelina şi căleţi până când ceapa devine translucidă.
3.Adăugaţi scoicile în suc, Baza de Supă Cremă şi cartofii.
4. Aduceţi la fiert şi fierbeţi 5 minute.
5.Terminaţi cu pătrunjel tocat.

24. Bisque de homar

INGREDIENTE

5 oz. Ulei vegetal
2 lbs. Scoici de homar
20 oz. Ceapa, alba, taiata cubulete
3,75 oz. Pasta de tomate
3 ¾ linguri Boia
15 oz. vin de Sherry
1 ea. Bază de supă cremă, 25,22 oz. geanta, pregatita
1 cană carne de homar, tocată
La nevoie, ardei Cayenne
La nevoie Ulei de arpagic

INSTRUCȚIUNI:

1.Într-o oală mare, la foc mediu, încălziți uleiul și căliți cojile de homar timp de 5 minute. Adăugați ceapa, căliți până se înmoaie.

2.Adăugați pasta de roșii și boia de ardei și fierbeți timp de 3-5 minute. Adăugați vin de sherry și gătiți încă 2-3 minute.

3. Amestecați baza de supă cremă și aduceți la fiert. Se fierbe timp de 10-15 minute.

4.Se strecoară printr-o strecurătoare fină, se întoarce în oală. Se adaugă carnea tocată de homar, se încălzește. Gustați și ajustați condimentele.
5.Decoreaza cu piper cayenne si ulei de arpagic.

25. Homar Bisque - Metoda Rapida

INGREDIENTE
- 2,50 oz. Ulei vegetal
- 20 oz. Ceapa, alba, taiata cubulete
- 8,50 oz. Pasta de tomate
- 5 lingurite Paprika
- 30 oz. Sherry
- 4 linguri. Baza homarului
- 1 ea. Bază de supă cremă, 25,22 oz. geanta, pregatita
- 1 cană carne de homar, tocată
- La nevoie, ardei Cayenne
- La nevoie Ulei de arpagic

INSTRUCȚIUNI:
1. Într-o oală mare, la foc mic, încălziți uleiul și transpirați ceapa până se înmoaie.
2. Dați căldura la mediu, adăugați pasta de roșii și boia de ardei, fierbeți timp de 3 minute. Adăugați vinul de sherry și baza de homar.
3. Adăugați baza de supă cremă și fierbeți timp de 5 minute.

4. Adăugați carne tocată de homar, încălziți. Gustați și ajustați condimentele. Se ornează cu piper cayenne și ulei de arpagic.

26. Creveți și porumb în stil Louisiana

INGREDIENTE

20 oz. Bacon, taiat cubulete bine
30 oz. Ţelină, tăiată cubuleţe
30 oz. Ceapa, taiata cubulete
0,50 oz. Ceapa verde, tocata
2,50 oz. Usturoi, tocat
2 conserve #10 de porumb în stil cremă
2,50 oz. Sos iute Louisiana
5 litri. Baza de pui cu conţinut scăzut de sodiu, preparată
5 lbs. Cartofi, rumeni, decojiti, taiati cubulete
1 ea. Bază de supă cremă, 25,22 oz. geanta, pregatita
2,50 oz. sos Worcestershire
5 lbs. Creveţi, decojiţi, devenaţi
La nevoie sare Kosher
La nevoie Piper gros
La nevoie Bacon, crocant

INSTRUCŢIUNI:

1.Într-o oală mare, la foc mediu, faceţi baconul până devine
crocant. Adaugati telina, ceapa si ceapa si gatiti pana se inmoaie.
Adăugaţi usturoi, fierbeţi încă 2 minute. Adăugaţi porumb cremă,
sosul iute şi baza de pui, aduceţi la fiert. Adăugaţi cartofii, gătiţi
până se înmoaie.

2.Adăugaţi baza de supă cremă şi sosul Worcestershire, amestecaţi
bine.
3.Reduceţi căldura la minim, adăugaţi creveţii, amestecând bine
pentru a se combina. Încălziţi prin. Gustaţi şi ajustaţi
condimentele.
4.Orneze cu bacon crocant.

27. Bisque de dovleac şi crab

INGREDIENTE

45 oz. Ceapa, tocata
2,50 oz. Usturoi, tocat
6,50 lbs. Carne de crab bulgăre, scursă
2 oz. Unt
0,05 oz. Piper roşu
0,05 oz. Ghimbir, măcinat
3,50 oz. Baza crabului
30 oz. Piure de dovleac, conservat
1 ea. Bază de supă cremă, 25,22 oz. geanta, pregatita

INSTRUCŢIUNI:

1. Într-un robot de bucătărie, combinaţi ceapa, usturoiul şi carnea de crab. Pulsaţi până se toacă bine.

2. Într-o oală mare, la foc mediu, topeşte untul. Adăugaţi amestecul de crab de ceapă. Se lasa sa se caleasca 5-7 minute. Adăugaţi cayenne, ghimbir, bază de crab şi piure de dovleac; amesteca bine. Adăugaţi baza de supă cremă, amestecaţi pentru a o combina, încălziţi. Gustaţi şi potriviţi condimentele cu sare şi piper. Rezervaţi cald.

3. În farfurie: Serviţi 5,0 fl. oz. biscuit în castron.

28. Cioda de ton topit

INGREDIENTE
0,75 oz. Unt
12,50 oz. Ceapa, alba, tocata
18,75 oz. Cartofi, rumeni, decojiti, taiati cubulete
1 ea. Bază de supă cremă, 25,22 oz. geanta, pregatita
1,25 lbs. Produs de brânză americană procesată, cuburi
2 lbs. Ton în ulei, scurs
La nevoie sare Kosher
La nevoie Piper
La nevoie Roşii, tocate

INSTRUCŢIUNI:
1. Într-o oală mare, la foc mediu, topiţi untul şi căliţi ceapa. Se calesc cartofii timp de 5 minute. Adăugaţi în oală baza de supă cremă şi brânză. Reduceţi la foc mic, fierbeţi până când cartofii sunt fragezi şi brânza topită. Adăugaţi tonul şi gătiţi încă 10 minute. Gustaţi şi ajustaţi condimentele.
2.Decorează cu roşii.

29. Cioda de porumb dulce si creveti

INGREDIENTE

1 Pachet Supă Cremă de bază, preparată
1,50 lbs. Creveți, decojiți și devenați
½ cană suc de lămâie
2 linguri. Ulei
6 cesti boabe de porumb, proaspete sau congelate
1 lb. Bacon, tocat fin
12 oz. Ceapa, taiata cubulete
6 oz. Țelină, tăiată cubulețe
6 oz. Ardei gras rosu, taiat cubulete
4 cani de cartofi, rosu bliss, taiati cubulete mari, par fierti
3 căni de bază de legume la alegere, preparată
La nevoie Sare Kosher și piper crapat
La nevoie Ceapa verde, tocata (optional)

INSTRUCȚIUNI:

1.Pregătiți baza de supă cremă conform instrucțiunilor de pe ambalaj.

2.Preîncălziți cuptorul cu convecție la 375°F. Combinați uleiul și boabele de porumb și amestecați pentru a se acoperi, transferați într-o tavă tapetată cu pergament și prăjiți timp de 5 până la 8 minute.

3.Într-o oală separată, puneți slănina până devine crocantă, scoateți baconul cu o lingură, scurgeți-l și rezervați-l pentru servire.

4.Adăugați ceapa, țelina și ardeiul roșu și căliți până ce ceapa devine translucidă.

5.În continuare, adăugați cartofii și Baza de legume pregătită; se aduce la fiert si se fierbe pana cartofii sunt fragezi.

6.Adăugați creveți și porumb prăjit și puneți la foc mediu și gătiți până când Chowder ajunge la 165°F. Țineți pentru service.
7.Se condimentează după gust și se ornează cu ceapă verde tocată și slănină rezervată după dorința.

30. Cioda de rosii cu creveti si marar

INGREDIENTE
1 Pachet Supă Cremă de bază, preparată
4 căni de pastă de tomate
2 ½ căni de ketchup
2,50 litri. Suc de roşii
1 qt. Smântână
3 linguri. Caldo de Tomato
½ linguriţă. Cimbru măcinat
1 ¼ linguriţă. Praf de usturoi
½ linguriţă. Ghimbir de pamant
½ cană mărar proaspăt tocat
1 ¼ linguriţă. Sare de telina
3 ½ căni de creveţi gătiţi pentru a ornat
La nevoie Smântână pentru ornat
Aşa cum au fost necesare crengute de mărar pentru a ornat

INSTRUCŢIUNI:
1.Combină toate ingredientele, cu excepţia garniturii. Se încălzeşte la temperatura de servire şi se serveşte cu o bucată de smântână, crenguţă de mărar şi 1 lingură de creveţi.

PUI SI CURCUN

31. Cioda de porumb de pui la conserva

Produce: borcane de 5 halbe

INGREDIENTE:
- 3-4 kilograme pulpe de pui, decojite și dezosate
- 1 lingurita sare
- 1 cană ceapă, tăiată cubulețe
- ⅓ cană țelină, tăiată cubulețe
- 3 căni de cartofi, tăiați cubulețe
- 2 cani de porumb
- 4 cesti supa sau bulion de pui

INSTRUCȚIUNI:
a) Pregătiți conserva sub presiune. Adăugați apă în recipientul sub presiune. Introduceți trivet și aduceți-l la fiert la foc mediu pe aragaz. Pune borcanele goale în apa clocotită timp de 5-10 minute. Dar, nu fierbe. Când este gata, ține-o deoparte.
b) Tăiați puiul în cuburi și cubulețe de legume.
c) Adăugați bulion sau supă de pui în oală și puneți la foc mediu.Se ia de pe foc.
d) Puneți puiul, legumele și cartofii în borcane, lăsând un spațiu de cap de 1 inch.
e) Se presară cu sare și bulion fierbinte și se îndepărtează eventualele bule de aer. Puneți capace.
f) Puneți borcanele în recipientul sub presiune și procesați timp de 75 de minute.
g) Când este gata, stinge focul. Așteptați 10 minute.
h) Scoateți borcanele din pressure canner.
i) Se lasa sa se raceasca peste noapte.

32. Cioda de pui curry

Face 8 portii

Ingrediente:
- 1 lingura de unt, nesarat
- 2 cepe tocate, medii
- 2 lingurițe de pudră de curry
- 2 coaste de telina tocate
- Un strop de piper cayenne
- 1/4 linguriță de sare, cușer
- 1/4 linguriță de piper, măcinat
- 5 căni de porumb, congelat
- 3 x 14 și 1/2 oz. conserve de bulion de pui, cu conținut scăzut de sodiu
- 1/2 cană de făină, universală
- 1/2 cană de lapte, 2%
- 3 căni de piept de pui, tăiat cubulețe și fiert
- 1/3 cană de coriandru tocat, proaspăt

Directii:
a) Într-o oală mare, încălziți untul la foc mediu. Adăugați țelina și ceapa. Amestecați în timp ce gătiți până sunt fragede. Amestecați condimentele și gătiți încă 1/2 minut.
b) Amestecați bulionul și porumbul și aduceți la fiert. Reduceți căldura și acoperiți oala. Se fierbe timp de 15-20 de minute.
c) Bateți laptele și făina într-un castron mic până se omogenizează și amestecați-o în supă. Se aduce din nou la fiert. Amestecați în timp ce gătiți până se îngroașă, aproximativ două minute. Se amestecă coriandru și pui și se încălzește complet. Servi.

33. Cioda de carnati de pui cu spanac

Porții 8

Ingrediente
1 lingură untură, topită
8 uncii cârnați de pui, gătiți și tăiați subțiri
1/2 cană de ceață, tocată
1 lingurita pasta de usturoi ghimbir
1 kilogram de conopida, tocata in buchete
4 căni de bulion de legume
1 praf fulgi de ardei rosu
Sare Kosher, dupa gust
1/2 lingurita piper negru proaspat macinat, dupa gust
1 cană de spanac, rupt în bucăți

Directii
1.Adăugați toate ingredientele, cu excepția spanacului, în oala dvs.
instant.
2.Asigurați capacul. Alegeți setarea „Manual" și gătiți timp de 9
minute sub presiune înaltă. Odată ce gătirea este completă, utilizați
o eliberare rapidă a presiunii; scoateți cu grijă capacul.
3.Pureați amestecul în robotul de bucătărie.
4.După, adăugați spanacul și sigilați capacul. Se lasa sa stea pana se
ofileste spanacul. Serviți în boluri individuale. Bucurați-vă!

34. Cioda de curcan cu smog elveţian

Porții 6

Ingrediente
1 lingura ulei de canola
1 kg pulpe de curcan
1 morcov, tăiat și tocat
1 praz, tocat
1 pastarnac, tocat
2 catei de usturoi, tocati
1 ½ litru bulion de curcan
2 păstăi de anason stelat
Sare de mare, dupa gust
1/4 lingurita piper negru macinat sau mai mult dupa gust
1 frunză de dafin
1 legătură de busuioc thailandez proaspăt
1/4 lingurita marar uscat
1/2 lingurita pudra de turmeric
2 căni de smog elvețian, rupte în bucăți

Directii
1.Apăsați butonul „Saute" și încălziți uleiul de canola. Acum, rumeniți pulpele de curcan timp de 2 până la 3 minute pe fiecare parte; rezervă.
2.Adăugați un strop de bulion de curcan pentru a răzui bucățile rumenite de pe fund.
3.Apoi, adăugați morcovul, prazul, păstârnacul și usturoiul în Instant Pot. Se calesc pana se inmoaie.
4.Adăugați bulionul de curcan rămas, păstăile de anason stelat, sare, piper negru, frunza de dafin, busuioc thailandez, mărar și pudră de turmeric.
5.Asigurați capacul. Alegeți setarea „Supă" și gătiți timp de 30 de minute. Odată ce gătirea este completă, utilizați o eliberare naturală a presiunii; scoateți cu grijă capacul.
6.Adăugați smog în timp ce sunt încă fierbinți pentru a se ofili frunzele. Bucurați-vă!

35. Cioara de curcan si Daikon

Portie: 12

Ingrediente:
1 kg de curcan măcinat (gătit, scurs și mărunțit
3 căni de ridiche Daikon (tăiată cubulețe
10 căni de supă de pui
2 cani de crema grea
2 căni de mozzarella (mărunțită
4 căni Antipasto Trail Mix
1 lingura. Frunze de patrunjel uscate
1 lingura. Arpagic uscat
1 lingura de sare
1 lingurita de piper negru macinat
1 linguriță pudră de usturoi

Directii:
1.Puneți toate ingredientele în Instant Pot.
2.Puneți și blocați capacul și setați manual timpul de gătire la 5 minute la presiune mare.
3. Când ați terminat, eliberați rapid presiunea.
4.Se servește cald.

36. Cioda de pui cu bacon

Servire: 5

Ingrediente:

4 catei de usturoi – tocati

1 praz – curățat, tăiat și feliat

2 coaste țelină – tăiate cubulețe

1 ciuperci buton punnet – feliate

2 cepe medii dulci – feliate subțiri

4 linguri de unt

2 cani de supa de pui

6 piept de pui dezosati, fara piele, cu fluturi

8 oz. cremă de brânză

1 cană smântână groasă

1 pachet slănină striată – gătită crocantă și mărunțită

1 lingurita sare

1 lingurita piper

1 lingurita praf de usturoi

1 lingura de cimbru

Directii:

1.Selectați setarea scăzută pe aragazul dvs. lent.

2.Puneți 1 cană de supă de pui, ceapa, usturoi, ciuperci, praz, țelină, 2 linguri de unt și sare și piper în aragazul dvs. lent.

3.Puneți capacul și gătiți ingredientele la foc mic timp de 1 oră.

4.Se rumenesc pieptul de pui într-o tigaie cu 2 linguri de unt.

5.Adăugați restul de 1 cană de supă de pui.

6.Răzuiți fundul tigaii pentru a îndepărta orice pui care s-ar fi putut lipi de fund.

7.Scoateți din tigaie și lăsați deoparte, turnând grăsimea din tigaie peste pui.

8.Adăugați cimbru, smântână groasă, praf de usturoi și cremă de brânză în aragazul lent.

9. Amestecați conținutul slow cooker până când crema de brânză se topește în vas.

10.Tăiați puiul în cuburi. Adăugați baconul și cuburile de pui în aragazul lent. Amestecați INGREDIENTE și gătiți la foc mic timp de 6-8 ore.

37. Ciodă de pui şi rădăcină de toamnă

INGREDIENTE
1 Pachet Supă Cremă de bază, preparată
1 lb. Piept de pui, dezosat, fara piele
¼ cană suc de lămâie
4 ea. Caței de usturoi, zdrobiți
¼ cană ulei de măsline
8 oz. Ceapa, taiata cubulete
8 oz. Cartofi dulci, curățați și tăiați cubulețe
4 uncii. Păstârnac, curățat și tăiat cubulețe
4 uncii. Morcovi, curatati si taiati cubulete
4 uncii. Rutabaga, decojită și tăiată cubulețe
4 uncii. Napi, curățați și tăiați cubulețe
2 ea. Caței de usturoi, tocați
3 cani baza de pui, preparata
¼ cană de salvie, proaspătă, tocată
La nevoie Sare Kosher si piper crapat
După nevoie Baby Rucola, prăjită (opțional)

INSTRUCȚIUNI:

1.Pregătiți baza de supă cremă conform instrucțiunilor de pe ambalaj.
2. Combinați pieptul de pui, sucul de lămâie, usturoiul și uleiul de măsline într-o pungă cu fermoar și marinați la frigider timp de 1 oră.
3.Preîncălziți cuptorul cu convecție la 375°F. Pune puiul scurs pe tava tapetata cu pergament, asezoneaza cu sare si piper. Se prăjește timp de 12 minute pe fiecare parte sau până când temperatura internă atinge 165°F. Răciți și trageți puiul.
4.Topiți untul într-o oală separată. Adăugați ceapa, cartofii dulci, păstârnacul, morcovii, rutabaga și napii. Gatiti pana ce ceapa devine translucida.
5.Adăugați baza de pui pregătită în amestecul de legume, aduceți la fiert și reduceți focul și fierbeți până când legumele sunt fragede.
6.Adăugați Baza de Supă Cremă pregătită, pui smuls și salvie tocată. Puneți la foc mediu și gătiți până când Chowder ajunge la 165 ° F. Țineți pentru service.
7.Se condimentează după gust și se ornează cu rucola prăjită după dorință.

38. Cioda de pui porumb cu bacon afumat

INGREDIENTE

2,50 oz. Ulei de porumb
5 oz. Bacon afumat, tocat
10 lbs. Pulpe de pui, piele pe
5 oz. Ceapa, alba, taiata cubulete fine
2 ½ linguri. Usturoi, tocat
2,50 puncte. Baza de pui, preparata
36.875 oz. Porumb în stil cremă
38,125 oz. Porumb, conservat, scurs
1 ea. Bază de supă cremă, 25,22 oz. geanta, pregatita
La nevoie Sare
La nevoie Piper
La nevoie Arpagic, tocat

INSTRUCȚIUNI:

1. Într-o oală mare, la foc mediu, încălziți uleiul de porumb și faceți slănină până se rumenește. Se adauga pulpele de pui (piele in jos) si se rumenesc. Adăugați ceapa și usturoiul, gătiți 1 minut. Adăugați baza de pui și lăsați să fiarbă la foc mediu timp de 15-20 de minute, sau până când pulpele sunt foarte fragede.

2. Scoateți pulpele din Chowder, lăsați să se răcească suficient pentru a fi manipulate. Scoateți pielea și tăiați carnea de pe os, aruncați pielea și oasele. Rezervă.

3.În continuare, adăugați porumbul cremă și porumbul conservat, amestecați bine. Gatiti 5 minute. Se amestecă baza de supă cremă și se încălzește.
4.Adăugați puiul rezervat, încălziți și serviți. Gustați și ajustați condimentele.
5.Decorează cu arpagic.

39. Cioda de pui afumat Del Rio

INGREDIENTE

5 oz. Unt
25 oz. Ceapa, galbena, taiata cubulete
25 oz. Țelină, tăiată cubulețe
10 ea. Arbol ardei iute, uscat, înmuiat, tocat
50 oz. Cartofi, rumeni, decojiti, taiati cubulete
2,50 litri. Baza de pui, preparata
40 oz. Carne de pui, afumată, trasă
1 ea. Bază de supă cremă, 25,22 oz. geanta, pregatita
La nevoie sare Kosher
La nevoie Piper gros
La nevoie Cei verde, tocat
La nevoie Queso fresco, sfărâmat

INSTRUCȚIUNI:

1. Într-o oală mare de stoc, la foc mediu-mic, topiți untul,
transpirați ceapa, țelina și ardei iute tocat până când sunt
parfumate și moi.

2.Adăugați cartofii și baza de pui pregătită. Ajustați căldura la
mediu, fierbeți timp de 10-15 minute sau până când legumele sunt
destul de gata. Adăugați puiul tras și baza de supă cremă. Se fierbe
timp de 15-20 de minute. Gustați și ajustați condimentele.

3.Decorează cu ceapă tocată și crumble de queso fresco.

Randament: 10 qts./32 porții (10,0 fl. oz./porție)

40. Festivalul de toamnă Cioda de curcan

2,50 oz. Unt
12,50 oz. Ceapa, alba, taiata cubulete
12,50 oz. Păstârnac, decojit, tăiat cubulețe
12,50 oz. Napi, decojiti, taiati cubulete
12,50 oz. Rutabagas, decojite, tăiate cubulețe
12,50 oz. Morcovi, decojiti, taiati cubulete
12,50 oz. Cartofi dulci, decojiți, tăiați cubulețe
2,50 litri. Baza Turciei
1 ea. Bază de supă cremă, 25,22 oz. geanta, pregatita
40 oz. Piept de curcan, fript, taiat cubulete
½ cană de salvie, proaspătă, tocată
La nevoie sare Kosher
La nevoie Piper crapat
La nevoie Brânză Cheddar, mărunțită

INSTRUCȚIUNI:
1. Într-o oală mare, la foc mediu, topește untul. Se călește ceapa, păstârnacul, napii, rutabaga, morcovii și cartofii dulci timp de 10 minute.

2.Adăugați baza de curcan în amestecul de legume, aduceți la fierbere, reduceți focul și fierbeți până când legumele sunt fragede, aproximativ 20 de minute.

3.Adăugați Baza de Supă Cremă, curcan și salvie. Se amestecă, se fierbe timp de 30 de minute sau până când se încălzește. Gustați și ajustați condimentele.
4.Decorează cu brânză Cheddar.

Randament: 10 qts.; 32 de porții (10,0 fl. oz./porție)

41. Chili alb de pui încărcat

INGREDIENTE

1 oz. Ulei vegetal
17,20 oz. Ceapa, taiata cubulete
4,60 oz. Ardei Poblano, tăiați cubulețe
0,80 oz. Usturoi, tocat
2 lbs. Pui, crud, cuburi
0,40 oz. Condimente de chili
2,50 lbs. Fasole albă, conservată, scursă și clătită
1 ea. Bază de supă cremă, 25,22 oz. geanta, pregatita

INSTRUCȚIUNI:

1. Într-o oală mare, la foc mediu, încălziți uleiul. Adăugați ceapa și
căleți până devine translucid. Adăugați ardei poblano și usturoi,
căliți 2-3 minute. Adăugați condimente de pui și chili. Se caleste
pana cand puiul este fiert. Adăugați fasole albă și bază de supă
cremă și încălziți. Gustați și potriviți condimentele cu sare și piper.
Rezervați cald.

2. În farfurie: Serviți 10,0 fl. oz. de chili într-un castron. Serviți cald.

Sugestie de servire: Serviți cu biscuiți, deasupra cu roșii, avocado,
bacon mărunțit crocant sau brânză.

42. Ciodă de plăcintă cu oală de pui de modă veche

INGREDIENTE

- 5 oz. Unt
- 25 oz. Ceapă spaniolă, tăiată cubulețe
- 25 oz. Morcovi, decojiti, taiati cubulete mari
- 25 oz. Telina, cubulete mari
- 5 ea. Cartofi, rușini, curățați de coajă, tăiați cubulețe mari
- 5 ea. Cartofi dulci, cubulețe mari
- 25 oz. Păstârnac, cubulețe mari
- 5 litri. Baza de pui, preparata
- 1 ea. Bază de supă cremă, 25,22 oz. geanta, pregatita
- 5 lbs. Carne de pui, friptă, cubulețe mari
- 20 oz. Ciuperci, albe domestice, tăiate în sferturi
- 12,50 oz. Mazăre verde, congelată
- 1,25 litri. smantana
- 5 cani de patrunjel, tocat
- La nevoie Sare
- La nevoie Piper
- La nevoie Galuste cu zara

INSTRUCȚIUNI:

a) Într-o oală mare, la foc mediu, se topește untul; transpirați ceapa până devine translucide.

b) Adăugați morcovii, țelina, ambii cartofi și păstârnacul. Lasam la fiert aproximativ 3 minute. Adăugați baza de pui, aduceți la fierbere rapid și reduceți căldura la minim. Lasam la fiert 5 minute sau pana cand legumele sunt fragede.

c) Adaugati baza de supa crema si carnea de pui taiata cubulete. Reveniți la foc mediu până la fierbere ușor. Reduceți focul și lăsați să fiarbă 5 minute. Adăugați ciupercile și mazărea congelată; se lasa la fiert 5 minute.

d) Amestecați smântâna groasă și pătrunjelul tocat. Gustați și ajustați condimentele.

e) Se ornează cu găluște de zară.

43. Ciodă cremoasă de pui și porumb

Ingrediente:
1 lingura ulei de masline
1 ceapă medie, tăiată cubulețe
2 catei de usturoi, tocati
2 tulpini de telina, taiate cubulete
2 morcovi, curatati si taiati cubulete
4 cesti supa de pui
2 căni de pui gătit mărunțit
2 căni de porumb congelat
1 cană smântână groasă
1 lingurita de cimbru uscat
Sare si piper
Instrucțiuni:

Într-o oală mare sau cuptor olandez, încălziți uleiul de măsline la foc mediu.

Adăugați ceapa, usturoiul, țelina și morcovii și gătiți până se înmoaie, aproximativ 5 minute.

Adăugați bulionul de pui, puiul mărunțit, porumb congelat, cimbru, sare și piper și aduceți la fiert.

Reduceți focul și fierbeți timp de 15-20 de minute.

Adăugați smântâna groasă și amestecați pentru a se combina.

Se serveste fierbinte.

44. Ciodă de curcan și orez sălbatic

Ingrediente:

1 lingura ulei de masline
1 ceapă, tăiată cubulețe
2 catei de usturoi, tocati
2 tulpini de telina, taiate cubulete
2 morcovi, curatati si taiati cubulete
4 cesti supa de pui
2 cesti de curcan taiat cubulete
1 cană de orez sălbatic, fiert
1 cană smântână groasă
1 lingurita de cimbru uscat
Sare si piper
Instrucțiuni:

Într-o oală mare sau cuptor olandez, încălziți uleiul de măsline la foc mediu.

Adăugați ceapa, usturoiul, țelina și morcovii și gătiți până se înmoaie, aproximativ 5 minute.

Adăugați bulionul de pui, curcanul tăiat cubulețe, orezul sălbatic, cimbru, sare și piper și aduceți la fiert.

Reduceți focul și fierbeți timp de 15-20 de minute.

Adăugați smântâna groasă și amestecați pentru a se combina.

Se serveste fierbinte.

45. Ciodă cremoasă de curcan și cartofi

Ingrediente:

1 lingura ulei de masline
1 ceapă, tăiată cubulețe
2 catei de usturoi, tocati
2 tulpini de telina, taiate cubulete
2 morcovi, curatati si taiati cubulete
4 cesti supa de pui
2 cesti de curcan taiat cubulete
3 căni de cartofi tăiați cubulețe
1 cană smântână groasă
1 lingurita de cimbru uscat
Sare si piper
Instrucţiuni:

Într-o oală mare sau cuptor olandez, încălziți uleiul de măsline la foc mediu.

Adăugați ceapa, usturoiul, țelina și morcovii și gătiți până se înmoaie, aproximativ 5 minute.

Adăugați bulionul de pui, curcanul tăiat cubulețe, cartofii, cimbru, sare și piper și aduceți la fiert.

Reduceți focul și fierbeți timp de 15-20 de minute.

Adăugați smântâna groasă și amestecați pentru a se combina.

Se serveste fierbinte.

46. Ciodă cremoasă de pui și legume

Ingrediente:

1 lingura ulei de masline
1 ceapă, tăiată cubulețe
2 catei de usturoi, tocati
2 tulpini de telina, taiate cubulete
2 morcovi, curatati si taiati cubulete
4 cesti supa de pui
2 căni de pui gătit mărunțit
2 cesti amestecate legume congelate
1 cană smântână groasă
1 lingurita de cimbru uscat
Sare si piper
Instrucțiuni:

Într-o oală mare sau cuptor olandez, încălziți uleiul de măsline la foc mediu.
Adăugați ceapa, usturoiul, țelina și morcovii și gătiți până se înmoaie, aproximativ 5 minute.
Adăugați bulionul de pui, puiul mărunțit, amestecul de legume, cimbru, sare și piper și aduceți la fiert.
Reduceți focul și fierbeți timp de 15-20 de minute

47. Cioda cremoasa de pui si bacon

Ingrediente:
1 lingura ulei de masline
1 ceapă, tăiată cubulețe
2 catei de usturoi, tocati
2 tulpini de telina, taiate cubulete
2 morcovi, curatati si taiati cubulete
4 cesti supa de pui
2 căni de pui gătit mărunțit
1 cană de bacon fiartă și mărunțită
1 cană smântână groasă
1 lingurita de cimbru uscat
Sare si piper
Instrucțiuni:

Într-o oală mare sau cuptor olandez, încălziți uleiul de măsline la foc mediu.

Adăugați ceapa, usturoiul, țelina și morcovii și gătiți până se înmoaie, aproximativ 5 minute.

Adăugați bulionul de pui, puiul mărunțit, baconul mărunțit, cimbru, sare și piper și aduceți la fiert.

Reduceți focul și fierbeți timp de 15-20 de minute.

Adăugați smântâna groasă și amestecați pentru a se combina.

Se serveste fierbinte.

48. Ciodă cremoasă de pui și ciuperci

Ingrediente:

1 lingura ulei de masline
1 ceapă, tăiată cubulețe
2 catei de usturoi, tocati
2 tulpini de telina, taiate cubulete
2 morcovi, curatati si taiati cubulete
4 cesti supa de pui
2 căni de pui gătit mărunțit
2 cani de ciuperci feliate
1 cană smântână groasă
1 lingurita de cimbru uscat
Sare si piper
Instrucțiuni:

Într-o oală mare sau cuptor olandez, încălziți uleiul de măsline la foc mediu.

Adăugați ceapa, usturoiul, țelina și morcovii și gătiți până se înmoaie, aproximativ 5 minute.

Adăugați bulionul de pui, puiul mărunțit, ciupercile feliate, cimbru, sare și piper și aduceți la fiert.

Reduceți focul și fierbeți timp de 15-20 de minute.

Adăugați smântâna groasă și amestecați pentru a se combina.

Se serveste fierbinte.

49. Ciodă cremoasă de pui şi spanac

Ingrediente:

1 lingura ulei de masline
1 ceapă, tăiată cubulețe
2 catei de usturoi, tocati
2 tulpini de telina, taiate cubulete
2 morcovi, curatati si taiati cubulete
4 cesti supa de pui
2 căni de pui gătit mărunțit
2 căni de frunze de spanac baby ambalate
1 cană smântână groasă
1 lingurita de cimbru uscat
Sare si piper
Instrucțiuni:

Într-o oală mare sau cuptor olandez, încălziți uleiul de măsline la foc mediu.

Adăugați ceapa, usturoiul, țelina și morcovii și gătiți până se înmoaie, aproximativ 5 minute.

Adăugați bulionul de pui, puiul mărunțit, frunzele de spanac, cimbru, sare și piper și aduceți la fiert.

Reduceți focul și fierbeți timp de 15-20 de minute.

Adăugați smântâna groasă și amestecați pentru a se combina.

Se serveste fierbinte.

50. Ciodă cremoasă de pui și cartofi dulci

Ingrediente:

1 lingura ulei de masline
1 ceapă, tăiată cubulețe
2 catei de usturoi, tocati
2 tulpini de telina, taiate cubulete
2 morcovi, curatati si taiati cubulete
4 cesti supa de pui
2 căni de pui gătit mărunțit
2 căni de cartofi dulci tăiați cubulețe
1 cană smântână groasă
1 lingurita de cimbru uscat
Sare si piper
Instrucțiuni:

Într-o oală mare sau cuptor olandez, încălziți uleiul de măsline la foc mediu.
Adăugați ceapa, usturoiul, țelina și morcovii și gătiți până se înmoaie, aproximativ 5 minute.
Adăugați bulionul de pui, puiul mărunțit, cartofii dulci, cimbru, sare și piper și aduceți la fiert.
Reduceți focul și fierbeți timp de 15-20 de minute.
Adăugați smântâna groasă și amestecați pentru a se combina.
6. Serviți fierbinte.

51. Ciodă cremoasă de pui şi praz

Ingrediente:

1 lingura ulei de masline
1 ceapă, tăiată cubulețe
2 catei de usturoi, tocati
2 tulpini de telina, taiate cubulete
2 praz, curatat si feliat
4 cesti supa de pui
2 căni de pui gătit mărunțit
1 cană smântână groasă
1 lingurita de cimbru uscat
Sare si piper
Instrucțiuni:

Într-o oală mare sau cuptor olandez, încălziți uleiul de măsline la foc mediu.
Adăugați ceapa, usturoiul, țelina și prazul și gătiți până se înmoaie, aproximativ 5 minute.
Adăugați bulionul de pui, puiul mărunțit, cimbru, sare și piper și aduceți la fiert.
Reduceți focul și fierbeți timp de 15-20 de minute.
Adăugați smântâna groasă și amestecați pentru a se combina.
Se serveste fierbinte.

VEGETAL

52. Cioda de legume Lotsa

8 cartofi Yukon Gold, albi sau rușini mici (aproximativ 2 lire sterline), tăiați în bucăți de ½ inch
½ ceapă mică, curățată și tocată
3 spice de porumb proaspăt, sâmburi îndepărtați (aproximativ 1¾ căni), știuleți rezervați
2 morcovi medii, curatati de coaja si taiati cubulete
2 tulpini de telina, tocate
¼ cană ardei gras roșu tocat
1 cană de broccoli și tulpini de conopidă tocate, părțile fibroase exterioare îndepărtate și aruncate (aproximativ ½ kilogram)
1 cățel de usturoi, curățat și tocat
2 linguri de cimbru tocat
⅛ linguriță de piper alb
2 lingurite chimen macinat
3 linguri de marar tocat
Sarat la gust

1. Într-o oală mare, combinați cartofii, ceapa, boabele de porumb și știuleții, morcovii, țelina, ardeiul, broccoli și conopida, usturoiul, cimbru, piper alb, chimen și 6 căni de apă. Se aduce la fierbere la foc mare. Reduceți focul la mediu-mic și fierbeți timp de 30 de minute sau până când legumele sunt fragede.
2. Scoateți știuleții de porumb și lăsați să se răcească. Scoateți 1 cană de supă și faceți piure într-un blender cu capac etanș, acoperit cu un prosop. (Dacă vă place o supă mai groasă, faceți piure 2 căni.) Întoarceți supa piure în oală și adăugați mararul. Răzuiți știuleții de porumb cu dosul unui cuțit pentru a îndepărta bucățile de porumb cremoase din miez și adăugați bucățile în oală. Se amestecă bine și se condimentează cu sare.

53. Ciodă fără grăsimi de conopidă-raci

INGREDIENTE
cani de conopida tocata
căni de bulion de pui fără grăsime
ceașcă de ardei roșu tăiat cubulețe
ceașcă de țelină tăiată cubulețe
ceasca de telina tocata
1 ½ cani fără grăsimi jumătate și jumătate
linguri de faina
uncii de carne de crab gătită
1 lingură ± condimente de dafin vechi (după gust)

DIRECTII
1 Într-o tigaie mare, combinați bulionul de pui și conopida și aduceți la fierbere. Se fierbe 5 minute, apoi se adaugă ardeiul gras, țelina și ceapa.
2 Reveniți la fierbere și fierbeți timp de 15 minute.
3 Se amestecă jumătate și jumătate și făină până se omogenizează.
4Adăugați în amestecul de conopidă și gătiți (amestecând frecvent) timp de 5 până la 10 minute.
5 Adăugați crabul și dafinul vechi.

54. Cioda de legume Harvest de toamnă

PORȚII 6

1 ceapă galbenă medie, curățată și tăiată cubulețe (aproximativ 1 cană)
3 tulpini de țelină, tăiate cubulețe (aproximativ 1 cană)
2 morcovi medii, curățați și tăiați cubulețe (aproximativ 1 cană)
6 căni de bulion de legume sau bulion de legume cu conținut scăzut de sodiu
2 dovlecei mici, tăiați cubulețe
2 igname mici, decojite și tăiate cubulețe
4 foi de dafin
2 linguri de cimbru
3 până la 4 spice de porumb, sâmburi îndepărtați (aproximativ 2 căni)
4 căni de frunze de spanac ambalate

1. Puneți ceapa, țelina, morcovii și ½ cană de supă de legume într-o oală mare de supă și prăjiți la foc mediu-înalt timp de 6 până la 8 minute sau până când ceapa devine translucidă.
2. Adăugați dovlecelul, ignamele, foile de dafin, cimbru și bulionul rămas și aduceți la fiert la foc mare. Reduceți focul la mediu-mic și fierbeți timp de 20 până la 30 de minute sau până când legumele sunt fragede.
3. Adăugați jumătate de porumb și gătiți încă 10 până la 15 minute. Scoateți frunzele de dafin.
4. Se face piure ciorba folosind un blender de imersie sau în loturi într-un blender cu capac etanș, acoperit cu un prosop. Întoarceți supa în oală și adăugați restul de porumb și frunzele de spanac. Gatiti inca 5 minute sau pana cand spanacul se ofileste. Se amestecă bine și se servește fierbinte.

55. Cioda de legume si sunca de iarna

Porție: 5 porții

Ingrediente
3 cartofi medii, curățați și tăiați în bucăți de 1/4 inch
1/2 cană ceapă tocată
1 cană apă
3/4 lingurita sare de ceapa sau praf de ceapa
1/2 lingurita piper
1/8 lingurita sare
2 picături de sos iute în stil Louisiana
1/2 cană cuburi de șuncă complet fiartă (bucăți de 1/4 inch)
1 cană de varză de Bruxelles proaspătă sau congelată, tăiată în patru
1-1/2 cani de lapte
3/4 cană brânză Colby-Monterey Jack măruntită, împărțită

Direcție
Fierbe apa cu cartofii si ceapa intr-o cratita mare. Se reduce focul, apoi se acopera cu un capac. Lasă-l să fiarbă până se înmoaie timp de 10 până la 12 minute. Cu apa, zdrobiți cartofii (amestecul nu va fi omogen) și adăugați piperul, sare de ceapă, sosul iute și sare. Lasă-l să se odihnească.
Căleți varza de Bruxelles cu șunca într-o tigaie mare antiaderentă întinsă cu spray de gătit, timp de 5-6 minute, până când varza se înmoaie. Amestecați amestecul de cartofi, apoi turnați laptele. Lăsați să fiarbă, apoi reduceți focul. Lăsați-l neacoperit în timp ce fierbeți până se încălzește bine. Amestecați în timp ce gătiți timp de 5 până la 6 minute. Adăugați ușor jumătate de cană de brânză și lăsați-o să se topească timp de 2 până la 3 minute. Acoperiți cu restul de brânză.

56. Ciuperă de ciuperci stridii

Face: 6 portii

INGREDIENTE:
- 1 litru de stridii
- 1 cană lichior de stridii
- 3 linguri de unt
- 1 lingura Faina
- 1 cană de lapte
- ½ cană smântână
- 2 linguri Şolă, tocată
- Sare si piper
- ½ kilograme de ciuperci
- 2 lingurite patrunjel, tocat

INSTRUCŢIUNI:
a) Încălziţi stridiile în lichior la foc mic până când marginile se ondula. Scurge, economisind lichiorul.

b) Topiţi 1 lingură de unt, amestecaţi cu făina, adăugaţi laptele treptat, amestecând continuu. Se aduce la fierbere şi se fierbe 1 minut.

c) Se adauga smantana, salota, patrunjel, sare si piper. Încălziţi ciupercile în untul rămas până se încălzesc, dar nu se rumenesc.

d) Combinaţi ciupercile, stridiile şi lichiorul de stridii cu sosul de smântână. Serviţi imediat.

57. Cioda de conopida si branza

Ingrediente:
4 cesti buchetele de conopida, tocate
4 fasii de bacon
1 lingura unt organic
2 catei de usturoi, tocati
1 ceapa, tocata fin
¼ cană făină de migdale
4 căni de supă de pui cu conținut scăzut de sodiu
½ cană lapte
¼ cană smântână ușoară
1 cană cheddar, mărunțit
Sare si piper dupa gust

Directii:
1. Gatiti baconul intr-o oala mare. Scoateți din oală când sunt fierte și lăsați deoparte.
2. Folosind aceeași oală puneți focul la mediu și aruncați ceapa. Gatiti 3 minute si apoi adaugati usturoiul si buchetelele de conopida si gatiti inca 5 minute.
3. Adăugați făina în oală și amestecați continuu timp de un minut.
4. Se toarnă bulionul de pui, laptele și smântâna ușoară și se amestecă timp de 3 minute.
5. Lasă să fiarbă 15 minute și apoi stinge focul.
6. Adăugați brânza cheddar în oală, asezonați cu sare și piper și amestecați din nou.
7. Servim cu baconul tocat deasupra.

58. Supă de praz

FACE4

INGREDIENTE:
- 2 linguri de unt
- 3 căni de praz, feliat
- 1 ½ cană ceapă, feliată
- 2 linguri de faina
- 6 cesti supa de pui
- 1 ½ linguriță sare sau după gust
- ½ lingurita piper alb macinat

INSTRUCȚIUNI:
a) Topiți untul într-o cratiță la foc moderat
b) Se amestecă bucățile de praz și ceapă pentru a le acoperi cu unt
c) Acoperiți tigaia și reduceți focul
d) Gatiti incet, amestecand ocazional timp de 10 pana la 15 minute pana cand legumele sunt foarte moi, dar nu sunt colorate
e) Se descoperă și se presară făina peste praz și ceapă Se amestecă pentru a distribui făina
f) Gatiti 2 minute la foc moderat
g) Se ia de pe foc si se lasa un moment la fiert
h) Amestecând continuu, adăugați 2 căni de bulion
i) Aduceți la fiert
j) Când lichidul este neted și începe să se îngroașe, amestecați restul de bulion.
k) Se încălzește supa la fierbere, se acoperă tigaia și se reduce focul
l) Se fierbe aproximativ 20 de minute.
m) Pentru a servi, zdrobiți, amestecați sau piureați supa până la consistența dorită. Serviți cald

59. Supă de dovlecei din Jamaica

INGREDIENTE:

- 1 ceapa mare, curatata si tocata
- 1 morcov, decojit și tocat
- 1 jalapeño, piper, semințele îndepărtate, tocate mărunt
- 3 linguri de unt
- 2 lingurite chimen macinat
- 2 lingurite coriandru macinat
- ½ lingurita de scortisoara macinata
- ½ lingurita piper cayenne
- ½ linguriță de pudră de chili
- 1 dovleac spaghetti mare, decojit și tăiat cubulețe
- Supra de pui pentru a acoperi legumele, aproximativ 3 căni
- Suc de 1 portocală
- Suc de 1 lime

CREMA ANCHO

- 2 până la 3 ardei iute Ancho, tăiați în jumătate, tulpini și semințe
- 6 linguri lapte de migdale
- 4 linguri smantana
- Sare
- Piper
- Suc de lămâie după gust

INSTRUCȚIUNI:

a) Într-o oală mare, grea, transpirați ceapa, morcovul și ardeiul Jalapeno în unt până se înmoaie

b) Adăugați chimen, coriandru, scorțișoară, cayenne și praf de chili

c) Gatiti inca 2 minute la foc mic

d) Adăugați dovlecel

e) Acoperiți amestecul cu bulion, suc de o portocală și suc de lămâie Fierbeți până când dovleceii sunt moale, aproximativ ½ oră

f) Lăsați răcirea

g) Pasează amestecul în procesor sau folosește blenderul de imersie

h) Întoarceți supa în tigaie, asezonați cu sare și piper
i) Reîncălziți și ajustați condimentele dacă este necesar
j) Învârtiți în Cremă Ancho
k) Se ornează cu smântână diluată cu puțină smântână groasă
l) Puneți tamponul în centrul unui bol de supă și, folosind o scobitoare, trageți din centru spre exterior și formați o stea sau o pânză de păianjen

60. Cremă clasică de tocătură de roșii

INGREDIENTE

1 Pachet Supă Cremă de bază, preparată
4 căni de pastă de tomate
2 ½ căni de ketchup
2,50 litri. Suc de roşii
3 linguri. Caldo de Tomato
½ linguriţă. Cimbru măcinat
1 ¼ linguriţă. Praf de usturoi
½ linguriţă. Ghimbir de pamant
1 ¼ linguriţă. Sare de telina

INSTRUCŢIUNI:

1. Combinaţi toate ingredientele şi încălziţi la temperatura de servire.
2. Se serveste cu crutoane si patrunjel tocat.

61. Cremă de tocătură de spanac

INGREDIENTE

1 Pachet Supă Cremă de bază, preparată
1 ceapă
16 oz. Spanac, tocat (sau 2 pachete, congelat, decongelat)
1 lingura. Baza de pui 095™

INSTRUCȚIUNI:

1.Pregătiți baza de supă cremă conform instrucțiunilor de pe ambalaj.
2. Într-o tigaie separată, căliți ceapa până se înmoaie. Se adaugă spanacul și se călește până se încălzește.
3.Adăugați amestecul de spanac în Chowder.
4.Adăugați baza de pui.
5.Se fierbe usor pana la serviciu.

62. Cremă de cartofi

INGREDIENTE

30 oz. Unt, împărțit
20 oz. Ceapa, tocata
5 ea. Frunze de dafin, întregi
½ linguriță. Cimbru, măcinat
10 lbs. Cartofi, rumeni, decojiti, feliati
3,75 litri. Baza de pui, preparata
1 ea. Bază de supă cremă, 25,22 oz. geanta, pregatita
½ linguriță. Piper alb, măcinat
La nevoie Sare
La nevoie Brânză Cheddar, mărunțită

INSTRUCȚIUNI:

1. Într-o oală mare, topiți 10,0 oz de unt și transpirați ceapa. Adăugați foile de dafin, cimbru, cartofii și baza de pui, gătiți până când cartofii sunt fragezi. Îndepărtați frunzele de dafin.

2.Într-un robot de bucătărie, în loturi, se pasează până la omogenizare și se adaugă Baza de supă cremă, se termină cu untul rămas și piper alb. Gustați și ajustați condimentele.

3.Decorează cu brânză Cheddar.

63. Cremă de ardei roșu prăjit și tocătură de roșii

NGREDIENTE

5 oz. Ulei vegetal
12,50 oz. Ceapa, alba, taiata cubulete
0,75 oz. Usturoi, tocat
2,50 litri. Ardei roşu prăjit, tocat
2,50 litri. Roşii, tăiate cubuleţe, conservate, nu scurse
7,50 oz. Pesto
1 ea. Bază de supă cremă, 25,22 oz. geanta, pregatita
2 lbs. Parmezan, tocat
La nevoie Busuioc, sifonada

INSTRUCŢIUNI:

1. Într-o oală mare, la foc mediu, căliţi ceapa până devine translucidă; se adaugă usturoi, se căleşte 1 minut.
2. Adăugaţi ardeii şi roşiile, aduceţi la fiert. Adăugaţi pesto şi amestecaţi bine.

3. Într-un robot de bucătărie, în loturi, pasează amestecul până la omogenizare. Reveniţi la tigaie la foc mediu. Adăugaţi baza de supă cremă şi încălziţi. Gustaţi şi ajustaţi condimentele.

4. Ornează cu 1 oz. Sifonada de parmezan si busuioc.

Randament: 10 qts.; 32 de porţii (10,0 fl. oz./porţie)

64. Cioda de morcovi cu ghimbir

INGREDIENTE

5 oz. Ulei vegetal
40 oz. Ceapa, albă, tăiată în bucăți de 1".
5 lingurite Ghimbir, măcinat
2 ½ linguriță. Sare
2 ½ linguriță. Chimen, măcinat
2 ½ linguriță. Muștar uscat
1 ¼ linguriță. Budugan, pământ
1 ¼ linguriță. Scorțișoară, măcinată
1 ¼ linguriță. Piper negru
¾ linguriță. Ardei roșu, măcinat
150 oz. Morcovi, decojiti, taiati cuburi
5 litri. Baza concentrata cu aroma de pui, preparata
1 ea. Bază de supă cremă, 25,22 oz. geanta, pregatita
40 oz. Lapte, degresat
La nevoie Nucsoara, proaspata rasa

INSTRUCȚIUNI:

1.Într-o oală mare, la foc mediu, încălziți uleiul. Adăugați ceapa și condimentele, căleți timp de 2 minute. Reduceți focul la mic, acoperiți și gătiți 5 minute sau până când se înmoaie.

2.Adăugați morcovi și bază cu aromă de pui. Se mărește focul, se aduce la fierbere, se reduce focul și se fierbe, parțial acoperit, timp de 30 de minute sau până când morcovii sunt moi.

3. Folosind un blender, în loturi, piureați amestecul de morcov-ceapă, procesați până la omogenizare. Reveniți piureul în tigaie la foc mediu, amestecați baza de supă cremă și laptele. Încălziți prin. Gustați și ajustați condimentele.
4.Decoreaza cu nucsoara.

65. Ciodă de roșii italiană rustică cu spanac

INGREDIENTE

1 Pachet Supă Cremă de bază, preparată
2 oz. Ulei de masline
2 cepe, tocate
4 catei de usturoi, tocati
20 oz. Spanac proaspăt, tocat
2 ½ căni de pastă de tomate
2,50 litri. Sos Frutta di Orto marinara
4 15 oz. conserve Roșii tăiate cubulețe cu suc
¼ cană busuioc proaspăt tocat
1 lingura. Crengute de cimbru proaspat
5 cesti sos de rosii

INSTRUCȚIUNI:

1.Se caleste ceapa si usturoiul in ulei pana devin translucide.
Adauga spanacul si se caleste pana se ofilesc.
2.Adăugați ingredientele rămase și încălziți la temperatura de
servire. Se orneaza cu o mini brucheta.

66. Ciodă de roşii prăjite picante şi usturoi

INGREDIENTE

1 Pachet Supă Cremă de bază, preparată
12 lbs. roşii romi
1 cană ulei de măsline
5 căni de Caldo de Tomate, preparate
1 ¼ cani Salsa Roja
4 căni de pastă de tomate
1 cap de usturoi, prajit
1 ¼ cani de coriandru, tocat
½ cană suc de lămâie, proaspăt
3 ½ căni de Queso Fresco, mărunţit
La nevoie Cilantro Springs
La nevoie Bucuri de lime

INSTRUCŢIUNI:

1. Ungeţi roşiile cu ulei şi prăjiţi până când pielea începe să se înnegrească. Se face piure în blender cu caldo până la omogenizare.

2. Se combină cu supă cremă de bază, salsa roja, pastă de roşii şi usturoi. Se încălzeşte la temperatura de servire.

3.Terminaţi cu coriandru şi suc de lămâie. Se ornează cu brânză şi crenguţe de coriandru cu o felie de lime în lateral.

PORUMB

67. Cioda de porumb Harvest

Servire: aproximativ 12 portii

Ingrediente
- 1 ceapa medie, tocata
- 1 lingura de unt
- 2 conserve (14-3/4 uncii fiecare) de porumb în stil cremă
- 4 căni de porumb cu miez întreg
- 4 cesti de cartofi curatati cubulete
- 1 conserve (10-3/4 uncii) supă cremă condensată de ciuperci, nediluată
- 1 borcan (6 uncii) ciuperci feliate, scurse
- 3 căni de lapte
- 1/2 ardei verde mediu, tocat
- 1/2 până la 1 ardei roşu dulce mediu, tocat
- Piper dupa gust
- 1/2 kilogram de slănină, gătită şi mărunţită

Direcţie
a) Căleţi ceapa cu unt până se înmoaie într-o oală mare.
b) Se toarnă supa, porumb în stil cremă, porumb sâmbure, cartofi şi ciuperci. Apoi adăugaţi lapte, ardei roşu şi verde şi asezonaţi cu piper.
c) După ce se aduce la fierbere, se reduce focul şi se fierbe (acoperit) până când legumele sunt fragede sau aproximativ 30 de minute. Se presara cu bacon.

68. Ciodă de pui și porumb zgomotos

Porție: 8 porții

Ingrediente
- 1/4 cană unt
- 1 ceapa mare, tocata
- 1 ardei verde mediu, tocat
- 1/4 cană făină universală
- 1 lingura boia de ardei
- 2 cartofi medii, curatati si tocati
- 1 cutie (32 uncii) bulion de pui
- 1 pui la rotisor cu piele, tocat
- 6 căni de porumb proaspăt sau congelat
- 1 lingură sos Worcestershire
- 1/2 până la 1 linguriță sos de ardei iute
- 1 lingurita sare
- 1 cană lapte 2%.

Direcţie
a) Încălziţi untul într-o oală la foc moderat de mare. Puneţi ardeiul și ceapa, apoi gătiţi timp de 3 până la 4 minute în timp ce amestecaţi, până când legumele sunt fragede-crocante. Se amestecă boia de ardei și făina până se omogenizează.
b) Se pun cartofii, apoi se amestecă în bulion. Se fierbe amestecul. Reduceţi focul și fierbeţi cu capac timp de 12 până la 15 minute, până se înmoaie.
c) Se amestecă sarea, sosurile, porumbul și puiul, apoi se aduce la fierbere. Reduceţi focul și gătiţi fără capac timp de 4 până la 6 minute, până când porumbul se înmoaie. Se pune laptele și se încălzeşte fără să fiarbă.

69. Cioda de porumb

Face: 4 portii

INGREDIENTE
- 1 lingurita de usturoi
- ½ linguriță de cimbru uscat
- ½ linguriță sare de mare
- 4 cesti boabe de porumb (din 4 spice de porumb)
- ¼ cană ulei de măsline extravirgin
- 2 căni de apă
- 1 reteta Bacon cu nuca de cocos, taiata cubulete
- 1 reteta Jalapeño-Crema de lime

INSTRUCȚIUNI
a) Puneți usturoiul, cimbrul și sarea într-un robot de bucătărie și procesați în bucăți mici. Adăugați porumbul, uleiul și apa și procesați-le într-o sodă consistentă.

b) Împărțiți în patru boluri de servire. Acoperiți fiecare porție cu slănină cu nucă de cocos tăiată și o praf de cremă Jalapeño-Lime și serviți imediat.

70. <u>New England Chicken 'n' Corn Chowder</u>

Face: 4-6

INGREDIENTE:
- ¼ de kilogram de slănină sau carne de porc sărată, tăiată cubulețe
- 1 cană ceapă tocată
- ½ cană țelină tocată
- 4 cesti supa de pui
- 2 căni de cartofi decojiți, tăiați în cuburi de ½ inch
- 10 uncii de porumb congelat sau boabe din 2 spice de porumb
- 1 lingurita sare sau dupa gust
- ⅛ linguriță de piper măcinat
- 2 căni de pui fiert, tăiat cubulețe
- 1 cană (½ halbă) de biscuiți cu stridii, pentru ornat

INSTRUCȚIUNI:
a) Într-o cratiță mare, la foc mediu-mare, călești slănină timp de 3 minute până când grăsimea ei a fost făcută.
b) Adăugați ceapa și țelina și gătiți încă 3 minute. Se amestecă bulionul și se aduce la fierbere, amestecând constant.
c) Adăugați cartofi și porumb, asezonați cu sare și piper și gătiți 5 până la 10 minute sau până când se înmoaie. Amestecați puiul și smântâna, fierbeți 3 minute și serviți cu biscuiți de stridii.

71. Cioda de rosii cherry si porumb

PORȚII 4

- 1 lingura ulei de masline
- 1 ceapă medie, tăiată cubulețe
- 2 tulpini de telina, taiate cubulete
- 2 catei de usturoi, tocati
- 1 galță de roșii cherry mici, tăiate la jumătate
- 2½ căni de boabe de porumb congelate, dezghețate
- 2 căni de lapte cu conținut scăzut de grăsimi
- 1 lingurita de cimbru proaspat tocat
- ¼ linguriță de piper proaspăt măcinat
- 1 cană supă de legume sau pui cu conținut scăzut de sodiu
- 3 cepe verde, feliate subțiri, pentru ornat
- 2 felii de bacon de curcan, fierte si maruntite, pentru garnitura (optional)

1. Încinge uleiul într-o oală mare la foc mediu-înalt. Adăugați ceapa, țelina și usturoiul și gătiți, amestecând, până când ceapa este moale, aproximativ 5 minute.

2. Adăugați roșiile și gătiți încă 2 până la 3 minute, până când roșiile încep să se descompună.

3. Puneți 1½ cană de porumb, 1 cană de lapte, cimbru și ardei într-un blender sau robot de bucătărie și procesați până la omogenizare.

4. Transferați amestecul de piure în oală și aduceți la fiert.

5. Adăugați restul de 1 cană de porumb și 1 cană de lapte în oală împreună cu bulionul. Se amestecă bine și se fierbe la foc mediu timp de aproximativ 5 minute până se încălzește.

6. Servim fierbinte, ornat cu ceapa verde si bacon.

72. Cioda de porumb de quinoa

Randament: 1 porție

Ingredient

- ½ cană de quinoa, fiartă
- 1 cană cartof, tăiat cubulețe
- 2 morcovi
- 2 cepe mici
- 3 căni de porumb -- poate fi parțial smântână
- 2 cani de lapte
- 1½ linguriță de sare
- Piper negru proaspăt măcinat
- ½ cană pătrunjel
- Unt

Fierbeți quinoa, cartofii, morcovul, ceapa de țelină până se înmoaie (aproximativ 15 min).

Adăugați porumb. Aduceți din nou la fiert și fierbeți încă 5 minute sau cam așa ceva. Adăugați lapte.

Aduceți doar la fiert. Asezonați după gust. Se ornează cu pătrunjel și un pic de unt.

73. Cioda de porumb si cartofi

Face 4 până la 6 porții

- 1 lingura ulei de masline
- 1 ceapa medie, tocata
- 1 coastă de țelină, tocată
- 3 cartofi Yukon Gold medii, decojiți și tăiați cubulețe
- 4 cesti bulion de legume, de casa
- Sare și piper negru proaspăt măcinat
- 3 căni de boabe de porumb proaspete, congelate sau conservate
- 1 cană lapte de soia simplu, neîndulcit
- 1 lingură ceapă verde tocată sau arpagic, pentru ornat

a) Într-o oală mare de supă, încălziți uleiul la foc mediu. Adăugați ceapa și țelina. Acoperiți și gătiți până când legumele se înmoaie, aproximativ 10 minute.

b) Adăugați cartofii, bulionul, sare și piper după gust. Se aduce la fierbere, apoi se reduce focul la mic și se fierbe, neacoperit, până când cartofii încep să se înmoaie, aproximativ 30 de minute.

c) Adăugați porumbul și fierbeți încă 15 minute. Puneți aproximativ jumătate din supă în oală cu un blender de imersie sau într-un blender sau robot de bucătărie și reveniți în oală. Se amestecă laptele de soia și se gustă, ajustând condimentele dacă este necesar.

d) Se pune supa în boluri, se ornează cu ceapă verde și se servește.

74. Ciodă de porumb prăjit

Ingrediente:

4 spice de porumb, cojile îndepărtate
1 ceapă, tăiată cubulețe
2 catei de usturoi, tocati
2 tulpini de telina, taiate cubulete
4 cesti supa de pui
1 cană de cartofi tăiați cubulețe
1 cană smântână groasă
Sare si piper
Ulei de masline
Instrucțiuni:

Preîncălziți cuptorul la 400°F (200°C).

Ungeți spicele de porumb cu ulei de măsline și puneți-le pe o tavă de copt.

Prăjiți porumbul timp de 15-20 de minute sau până se rumenește ușor.

Scoateți porumbul din cuptor și lăsați-l să se răcească puțin.

Tăiați sâmburii de pe știuleți și lăsați deoparte.

Într-o oală mare sau cuptor olandez, încălziți puțin ulei de măsline la foc mediu.

Adăugați ceapa, usturoiul și țelina și gătiți până se înmoaie, aproximativ 5 minute.

Adăugați bulionul de pui, boabele de porumb prăjite și cartofii și aduceți la fierbere.

Reduceți focul și fierbeți timp de 15-20 de minute, sau până când cartofii sunt fragezi.

Adăugați smântâna groasă și amestecați pentru a se combina.

Se serveste fierbinte.

75. Cioda de porumb afumat

Ingrediente:

4 felii de bacon, tocate
1 ceapă, tăiată cubulețe
2 catei de usturoi, tocati
2 tulpini de telina, taiate cubulete
4 cesti supa de pui
3 căni de boabe de porumb proaspete sau congelate
1 cană de cartofi tăiați cubulețe
1 cană smântână groasă
1 lingurita boia afumata
Sare si piper
Instrucțiuni:

Într-o oală mare sau un cuptor olandez, gătiți slănina tocată până devine crocantă.

Scoateți slănina cu o lingură cu fantă și lăsați-o deoparte.

Adăugați ceapa, usturoiul și țelina la grăsimea de bacon și gătiți până se înmoaie, aproximativ 5 minute.

Adăugați bulionul de pui, boabele de porumb și cartofii și aduceți la fierbere.

Reduceți focul și fierbeți timp de 15-20 de minute, sau până când cartofii sunt fragezi.

Adăugați smântâna groasă, boia de ardei afumată și amestecați pentru a se combina.

Se serveste fierbinte, acoperite cu bacon crocant.

76. Cioda de porumb picant

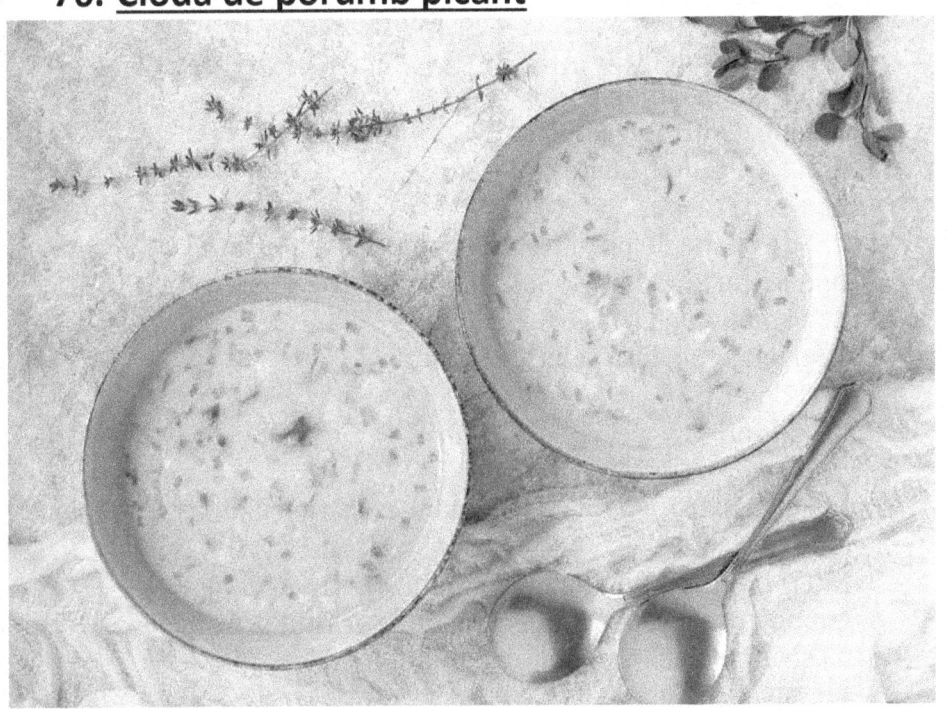

Ingrediente:

4 felii de bacon, tocate
1 ceapă, tăiată cubulețe
2 catei de usturoi, tocati
2 tulpini de telina, taiate cubulete
4 cesti supa de pui
3 căni de boabe de porumb proaspete sau congelate
1 cană de cartofi tăiați cubulețe
1 cană smântână groasă
1 ardei jalapeno, fără semințe și tocat
Sare si piper
Instrucțiuni:

Într-o oală mare sau un cuptor olandez, gătiți slănina tocată până devine crocantă.
Scoateți slănina cu o lingură cu fantă și lăsați-o deoparte.
3. Adăugați ceapa, usturoiul și țelina în grăsimea de bacon și gătiți până se înmoaie, aproximativ 5 minute.

Adăugați bulionul de pui, boabele de porumb și cartofii și aduceți la fierbere.

Reduceți focul și fierbeți timp de 15-20 de minute, sau până când cartofii sunt fragezi.

Adăugați smântâna groasă și ardeiul jalapeno și amestecați pentru a se combina.

Se serveste fierbinte, asezonate cu sare si piper dupa gust.

77. Cioda de porumb vegană

Ingrediente:

1 ceapă, tăiată cubulețe
2 catei de usturoi, tocati
2 tulpini de telina, taiate cubulete
4 căni de bulion de legume
3 căni de boabe de porumb proaspete sau congelate
1 cană de cartofi tăiați cubulețe
1 cana lapte de migdale neindulcit
1 lingura drojdie nutritiva
Sare si piper
Ulei de masline
Instrucțiuni:

Într-o oală mare sau cuptor olandez, încălziți puțin ulei de măsline la foc mediu.

Adăugați ceapa, usturoiul și țelina și gătiți până se înmoaie, aproximativ 5 minute.

Adăugați bulionul de legume, boabele de porumb și cartofii și aduceți la fierbere.

Reduceți focul și fierbeți timp de 15-20 de minute, sau până când cartofii sunt fragezi.

Folosiți un blender de imersie sau transferați supa într-un blender și faceți piure până la omogenizare.

Întoarceți supa în oală și adăugați laptele de migdale și drojdia nutritivă.

Se serveste fierbinte, asezonate cu sare si piper dupa gust.

78. Ciodă cremoasă de porumb și cartofi

Ingrediente:

4 felii de bacon, tocate
1 ceapă, tăiată cubulețe
2 catei de usturoi, tocati
2 tulpini de telina, taiate cubulete
4 cesti supa de pui
3 căni de boabe de porumb proaspete sau congelate
1 cană de cartofi tăiați cubulețe
1 cană smântână groasă
1 lingura de faina
Sare si piper
Instrucțiuni:

Într-o oală mare sau un cuptor olandez, gătiți slănina tocată până devine crocantă.

Scoateți slănina cu o lingură cu fantă și lăsați-o deoparte.

Adăugați ceapa, usturoiul și țelina la grăsimea de bacon și gătiți până se înmoaie, aproximativ 5 minute.

Adăugați bulionul de pui, boabele de porumb și cartofii și aduceți la fierbere.

Reduceți focul și fierbeți timp de 15-20 de minute, sau până când cartofii sunt fragezi.

Într-un castron mic, amestecați smântâna groasă și făina.

Adăugați amestecul de smântână în supă și amestecați pentru a se combina.

Se serveste fierbinte, acoperite cu bacon crocant si asezonata cu sare si piper dupa gust.

79. Cioda de porumb de sud-vest

Ingrediente:

4 felii de bacon, tocate
1 ceapă, tăiată cubulețe
2 catei de usturoi, tocati
2 tulpini de telina, taiate cubulete
4 cesti supa de pui
3 căni de boabe de porumb proaspete sau congelate
1 cană de cartofi tăiați cubulețe
1 cană smântână groasă
1 lingurita chimen
1 lingurita pudra de chili
Sare si piper
Instrucțiuni:

Într-o oală mare sau un cuptor olandez, gătiți slănina tocată până devine crocantă.
Scoateți slănina cu o lingură cu fantă și lăsați-o deoparte.
Adăugați ceapa, usturoiul și țelina la grăsimea de bacon și gătiți până se înmoaie, aproximativ 5 minute.
Adăugați bulionul de pui, boabele de porumb și cartofii și aduceți la fierbere.
Reduceți focul și fierbeți timp de 15-20 de minute, sau până când cartofii sunt fragezi.
Adăugați smântâna groasă, chimenul, pudra de chili și amestecați pentru a se combina.
Se serveste fierbinte, acoperite cu bacon crocant si asezonata cu sare si piper dupa gust

80. Cioda de porumb afumat și bacon

Ingrediente:
4 felii de bacon, tocate
1 ceapă, tăiată cubulețe
2 catei de usturoi, tocati
2 tulpini de telina, taiate cubulete
4 cesti supa de pui
3 căni de boabe de porumb proaspete sau congelate
1 cană de cartofi tăiați cubulețe
1 cană smântână groasă
1 lingurita boia afumata
Sare si piper
Instrucțiuni:

Într-o oală mare sau un cuptor olandez, gătiți slănina tocată până devine crocantă.

Scoateți slănina cu o lingură cu fantă și lăsați-o deoparte.

Adăugați ceapa, usturoiul și țelina la grăsimea de bacon și gătiți până se înmoaie, aproximativ 5 minute.

Adăugați bulionul de pui, boabele de porumb și cartofii și aduceți la fierbere.

Reduceți focul și fierbeți timp de 15-20 de minute, sau până când cartofii sunt fragezi.

Adăugați smântâna groasă și boia de ardei afumată și amestecați pentru a se combina.

Se serveste fierbinte, acoperite cu bacon crocant si asezonata cu sare si piper dupa gust.

81. Cioda de porumb cu fierbere lentă

Ingrediente:

6 căni de boabe de porumb proaspete sau congelate
1 ceapă, tăiată cubulețe
2 catei de usturoi, tocati
3 cesti supa de pui
1 cană de cartofi tăiați cubulețe
1 cană smântână groasă
Sare si piper
Instrucțiuni:

Într-un aragaz lent, combinați boabele de porumb, ceapa, usturoiul, bulionul de pui și cartofii.

Acoperiți și gătiți la foc mic timp de 6-8 ore, sau la maxim 3-4 ore, până când cartofii sunt fragezi.

Folosiți un blender de imersie sau transferați supa într-un blender și faceți piure până la omogenizare.

Întoarceți supa în aragazul lent și amestecați smântâna groasă.

Se condimenteaza cu sare si piper dupa gust si se serveste fierbinte.

82. Cioda de porumb prajita cu bacon

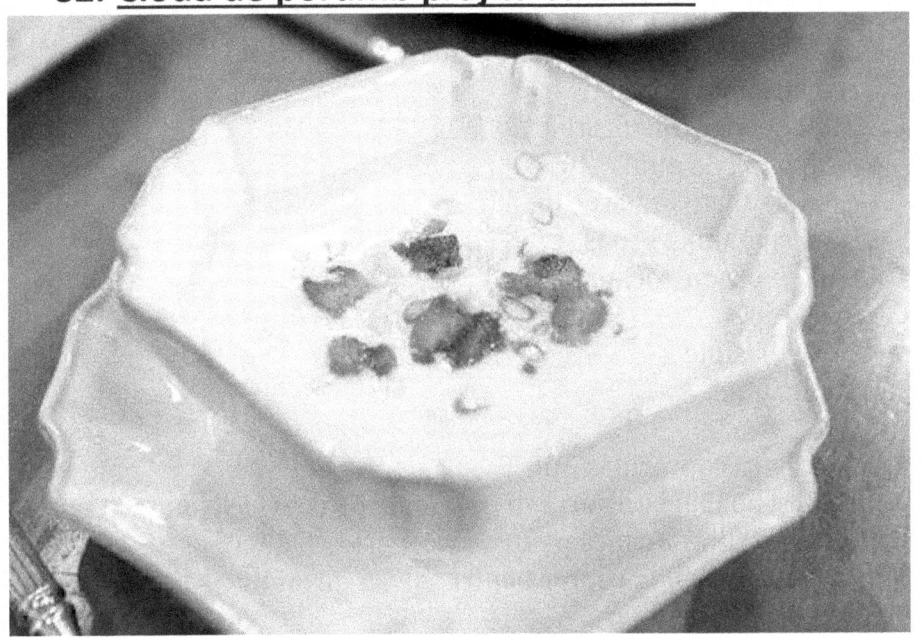

Ingrediente:

6 spice de porumb, decojite şi sâmburi îndepărtaţi
1 ceapă, tăiată cubuleţe
2 catei de usturoi, tocati
4 cesti supa de pui
1 cană de cartofi tăiaţi cubuleţe
1 cană smântână groasă
4 felii de bacon, tocate
Sare si piper
Ulei de masline
Instrucţiuni:

Preîncălziţi cuptorul la 400°F.
Întindeţi boabele de porumb pe o foaie de copt şi stropiţi cu puţin ulei de măsline. Aruncă pentru a acoperi.
Prăjiţi porumbul la cuptor pentru 20-25 de minute sau până se rumeneşte uşor.
Într-o oală mare sau un cuptor olandez, gătiţi slănina tocată până devine crocantă. Scoateţi slănina cu o lingură cu fantă şi lăsaţi-o deoparte.
Adăugaţi ceapa şi usturoiul în grăsimea de bacon şi gătiţi până se înmoaie, aproximativ 5 minute.
Adăugaţi bulionul de pui, porumbul prăjit şi cartofii şi aduceţi la fierbere.
Reduceţi focul şi fierbeţi timp de 15-20 de minute, sau până când cartofii sunt fragezi.
Folosiţi un blender de imersie sau transferaţi supa într-un blender şi faceţi piure până la omogenizare.
Întoarceţi supa în oală şi adăugaţi smântâna groasă.
Se serveste fierbinte, acoperite cu bacon crocant si asezonata cu sare si piper dupa gust.

CARNE DE VID SI PORC

83. Corned Beef Chowder

Porții 6-8.

3 căni de lapte
- 1 cutie de 10 oz supă cremă de țelină
- 1 cutie de 10 oz supă cremă de cartofi
- 1 conserve de 12 oz carne de vită
- 1 pachet de 10 oz broccoli congelat (sau proaspăt)
- 1 ceapa mica, tocata

a) În cuptorul mare olandez amestecați toate ingredientele, cu excepția corned beef. Aduceți la fiert, amestecând pentru a preveni opărirea.
b) Reduceți focul și fierbeți până când broccoli și ceapa sunt fragede.
c) Adăugați carnea de vită și fierbeți până când carnea de vită se încălzește.

84. Ciuperă de chifteluțe

Ingredient
- 2 lire sterline   Carne de vită macră tocată
- 2 linguri de lapte
- Condimente

a) Pentru a face chiftele combinați toate ingredientele, cu excepția uleiului; amestecați bine. Formați bile de mărimea nucilor (40-50 de bile). Se încălzește ușor uleiul și se rumenesc bilele.

b) Ciudă: într-un ibric de 8-10 litri, aduceți toate ingredientele, cu excepția mexicului, la fierbere. Reduceți căldura și fierbeți 30 de minute, adăugând Mexicorn pentru ultimele 10 minute. Adăugați chiftele rumenite. Face 6-7 litri.

85. Cioda de slănină cu cârnați și ciuperci

Portie: 14

Ingrediente:
4 căni de supă de pui
2 cani de crema grea
2 cani de ciuperci (tacate felii
2 căni de cârnați măcinați (fierți
6 bucăți de șuncă (prăjite și mărunțite
1 cană ridiche Daikon (tăiată cubulețe
½ cană ceapă (tăiată cubulețe
½ cană ardei gras roșu (tăiat cubulețe
½ cană de brânză parmezan
1 lingura. Frunze de patrunjel uscate
1 linguriță pudră de usturoi
1 lingura de sare
1 lingurita de piper negru macinat
½ linguriță de cimbru

Directii:
1.Puneți toate ingredientele în Instant Pot.
2.Puneți și blocați capacul și setați manual timpul de gătire la 5 minute la presiune mare.
3. Când ați terminat, eliberați rapid presiunea.
4.Se servește cald.

86. Ciodă de Vită Chipped

INGREDIENTE

1,25 oz. Unt
12,50 oz. Ceapa, alba, taiata cubulete
12,50 oz. Morcovi, decojiti, taiati cubulete
25 oz. Cartofi, rumeni, decojiti, taiati cubulete
12,50 oz. Porumb, alb
1 lbs. Carne de vită uscată, tăiată cubulețe
1,25 litri. Baza de pui cu conținut scăzut de sodiu, preparată
1 ea. Bază de supă cremă, 25,22 oz. geanta, pregatita
1 ½ linguriță. Piper alb, măcinat
La nevoie Pătrunjel, tocat

INSTRUCȚIUNI:

1. Într-o oală mare, la foc mediu, topiți untul și căliți ceapa și morcovii până se înmoaie.

2.Adăugați cartofii, porumbul, carnea de vită și baza de pui. Se fierbe până când cartofii sunt fragezi. Adăugați baza de supă cremă și fierbeți timp de 5 minute. Gustați și ajustați condimentele.

3.Se ornează cu pătrunjel.

87. Corned Beef și Ciodă de varză

INGREDIENTE

2,50 oz. Ulei vegetal
50 oz. Ceapa, tocata
25 oz. Morcovi, tocați
25 oz. Telina, tocata
2,50 oz. Usturoi, tocat
50 oz. Varză verde, mărunțită
65 oz. Corned beef, fiartă, tăiată cubulețe
1,25 litri. Baza de vita, preparata
1 ea. Bază de supă cremă, 25,22 oz. geanta, pregatita

INSTRUCȚIUNI:

1. Într-o oală mare, la foc mediu, încălziți uleiul. Se caleste ceapa, morcovii si telina timp de 10 minute. Adăugați usturoiul, căliți 2 minute. Adăugați varza, corned beef și baza de vită. Gatiti pana varza este frageda. Adăugați baza de supă cremă, amestecați bine și încălziți. Gustați și potriviți condimentele cu sare și piper. Rezervați cald.

2. În farfurie: Serviți 10 fl. oz. de Chowder in bol.

88. Drive In Chowder Cheeseburger

INGREDIENTE

2,50 oz. Unt
5 lbs. Carne de vită
25 oz. Ceapa, alba, taiata cubulete
15 oz. Murături, mărar, cubuleţe fine
26,25 oz. Ketchup
23,75 oz. Muştar
1 ea. Bază de supă cremă, 25,22 oz. geanta, pregatita
5 litri. Mix de sos instant de brânză, preparat
La nevoie Sare
La nevoie Piper
La nevoie Crutoane, crustă de susan

INSTRUCŢIUNI:

1. Într-o oală mare, la foc mediu, topim untul. Crumble şi rumeneşte carne de vită. Adăugaţi ceapa, gătiţi până când se înmoaie şi carnea de vită este gătită.

2.Adăugaţi murături, ketchup, muştar, bază de supă cremă şi sos de brânză. Lasă să fiarbă timp de 30 de minute. Gustaţi şi ajustaţi condimentele.
3.Decorează cu crutoane cu crutoane de susan.

89. Cioara Heartland Hash-Brown

INGREDIENTE

20 oz. Bacon afumat
35 oz. Şuncă, feliată subţire, tăiată fâşii fine
25 oz. Ceapa, alba, rasa
13,50 oz. Morcovi, decojiti, rasi
13,50 oz. Telina, rasa
2,50 litri. Baza de sunca, preparata
1 ea. Bază de supă cremă, 25,22 oz. geanta, pregatita
5 lbs. Hash browns, ras
2 ½ linguri. Cimbru, proaspăt, tocat
La nevoie sare Kosher
La nevoie Piper crapat

INSTRUCŢIUNI:

1.Într-o oală mare, la foc mediu, faceţi baconul până devine
crocant. Scoateţi slănina din oală (rezervaţi pentru ornat).
Adăugaţi şunca şi frizzleţi până se caramelizează. Adăugaţi ceapa,
gătiţi până când este gata, adăugaţi morcovii şi ţelina; se caleste
pana se inmoaie. Adăugaţi baza de şuncă.

2. Adăugaţi în oală baza de supă cremă. Se amestecă bine pentru a
se combina. Adauga hash browns si cimbru. Se fierbe timp de 30
de minute sau până se încălzeşte. Gustaţi şi ajustaţi condimentele.
3. Ornează cu slănină mărunţită crocant.

90. Rueben Chowder

INGREDIENTE

10 oz. Unt
30 oz. Ceapa, alba, taiata cubulete
30 oz. Ardei gras, verde, taiat cubulete
1 ea. Bază de supă cremă, 25,22 oz. geanta, pregatita
5,25 oz. mustar Dijon
5 litri. Baza de vita, preparata
5 lbs. Corned beef, gătit, mărunțit
2,50 lbs. Varză murată, clătită, scursă bine
2,50 lbs. Brânză elvețiană, mărunțită
La nevoie Crutoane, pâine de secară
La nevoie brânză elvețiană, mărunțită

INSTRUCȚIUNI:

1. Într-o oală mare, la foc mediu, topiți untul, căliți ceapa și ardeii până se înmoaie. Adaugati baza de supa crema, mustarul, baza de vita si amestecati pana se omogenizeaza cu un tel.

2.Adăugați carne de vită și varză murată, amestecați și fierbeți timp de aproximativ 10 minute. Se amestecă brânza elvețiană, se încălzește până se topește. Gustați și ajustați condimentele.
3.Decorează cu crutoane de pâine de secară și brânză elvețiană suplimentară.

91. Cioda de pizza pepperoni

INGREDIENTE

8 oz. Pepperoni, cubulete
5 oz. Ciuperci, proaspete, tăiate cubulețe
28 oz. Roșii, conservate, tăiate cubulețe, scurse
3 oz. Baza de vita
1 ea. Bază de supă cremă, 25,22 oz. geanta, pregatita
0,05 oz. Oregano, proaspăt, tocat
1 lingura Piper alb, măcinat
16 oz. Brânză Mozzarella, mărunțită

INSTRUCȚIUNI:

1.Într-o oală mare, la foc mediu, căliți pepperoni timp de 3-5
minute. Adăugați ciupercile și roșiile, gătiți încă 5 minute. Adăugați
baza de carne de vită, amestecați bine pentru a se combina.
Adăugați baza de supă cremă, oregano și piper alb, amestecați bine
și încălziți. Se amestecă brânza mozzarella și se încălzește până se
topește. Rezervați cald.

2. În farfurie: Serviți 10,0 fl. oz. de Cioda de ardei într-un castron.

MIEL

92. Cioda de miel si linte

Ingrediente:
1 lb. miel măcinat
1 ceapă, tăiată cubulețe
2 catei de usturoi, tocati
2 cesti supa de pui
1 cană linte uscată
1 cană de cartofi tăiați cubulețe
1 cana varza varza tocata
1 lingura chimion
Sare si piper
Ulei de masline
Instrucțiuni:

Într-o oală mare sau un cuptor olandez, încălziți puțin ulei de măsline la foc mediu-mare.

Adăugați mielul măcinat și gătiți până se rumenește, rupându-l cu o lingură pe măsură ce se gătește.

Adăugați ceapa și usturoiul și gătiți până se înmoaie, aproximativ 5 minute.

Adăugați bulionul de pui, lintea, cartofii, kale și chimenul și aduceți la fierbere.

Reduceți focul și fierbeți timp de 25-30 de minute, sau până când lintea și cartofii sunt fragede.

Se condimenteaza cu sare si piper dupa gust si se serveste fierbinte.

93. Cioda de miel si legume

Ingrediente:

1 kg tocană de miel, tăiată cubulețe
1 ceapă, tăiată cubulețe
2 catei de usturoi, tocati
2 cesti supa de pui
1 cană morcovi tăiați cubulețe
1 cană de cartofi tăiați cubulețe
1 cană țelină tăiată cubulețe
1 cană mazăre congelată
1 cană de porumb congelat
1 lingura cimbru
Sare si piper
Ulei de masline
Instrucțiuni:

Într-o oală mare sau un cuptor olandez, încălziți puțin ulei de măsline la foc mediu-mare.

Adăugați mielul și gătiți până se rumenesc pe toate părțile.

Scoateți mielul cu o lingură cu șuruburi și lăsați-l deoparte.

Adăugați ceapa și usturoiul în oală și gătiți până se înmoaie, aproximativ 5 minute.

Adăugați bulionul de pui, morcovii, cartofii, țelina și cimbru și aduceți la fiert.

Reduceți focul și fierbeți timp de 20-25 de minute, sau până când legumele sunt fragede.

Adăugați mielul înapoi în oală, împreună cu mazărea și porumbul și gătiți încă 5-10 minute sau până se încălzește.

Se condimenteaza cu sare si piper dupa gust si se serveste fierbinte.

94. Ciodă de miel condimentată

Ingrediente:

1 lb. miel măcinat
1 ceapă, tăiată cubulețe
2 catei de usturoi, tocati
2 cesti supa de pui
1 cană de cartofi tăiați cubulețe
1 cana varza varza tocata
1 cană lapte de cocos
1 lingura chimion
1 lingura coriandru
1/2 linguriță. scorțișoară
Sare si piper
Ulei de masline
Instrucțiuni:

Într-o oală mare sau un cuptor olandez, încălziți puțin ulei de măsline la foc mediu-mare.

Adăugați mielul măcinat și gătiți până se rumenește, rupându-l cu o lingură pe măsură ce se gătește.

Adăugați ceapa și usturoiul și gătiți până se înmoaie, aproximativ 5 minute.

Adăugați bulionul de pui, cartofii, kale, laptele de cocos, chimenul, coriandru și scorțișoara și aduceți la fierbere.

Reduceți focul și fierbeți timp de 20-25 de minute, sau până când cartofii sunt fragezi.

Se condimenteaza cu sare si piper dupa gust si se serveste fierbinte.

95. Ciodă de miel și orz

Ingrediente:

1 kg tocană de miel, tăiată cubulețe
1 ceapă, tăiată cubulețe
2 catei de usturoi, tocati
2 cesti supa de pui
1 cană morcovi tăiați cubulețe
1 cană de cartofi tăiați cubulețe
1 cană țelină tăiată cubulețe
1/2 cană de orz perlat
1 lingura cimbru
Sare si piper
Ulei de masline
Instrucțiuni:

Într-o oală mare sau un cuptor olandez, încălziți puțin ulei de măsline la foc mediu-mare.

Adăugați mielul și gătiți până se rumenesc pe toate părțile.

Scoateți mielul cu o lingură cu șuruburi și lăsați-l deoparte.

Adăugați ceapa și usturoiul în oală și gătiți până se înmoaie, aproximativ 5 minute.

Adăugați bulionul de pui, morcovii, cartofii, țelina, orzul și cimbru și aduceți la fiert.

Reduceți focul și fierbeți timp de 45-50 de minute, sau până când orzul și legumele sunt fragede.

Adăugați mielul înapoi în oală și gătiți încă 5-10 minute sau până când se încălzește.

Se condimenteaza cu sare si piper dupa gust si se serveste fierbinte.

96. Ciodă marocană de miel

Ingrediente:
1 lb. miel măcinat
1 ceapă, tăiată cubulețe
2 catei de usturoi, tocati
2 cesti supa de pui
1 cană de cartofi dulci tăiați cubulețe
1 cană morcovi tăiați cubulețe
1 cană de năut la conserva, scurs și clătit
1/2 cana caise uscate tocate
1 lingura chimion
1 lingura paprika
Sare si piper
Ulei de masline
Instrucțiuni:

Într-o oală mare sau un cuptor olandez, încălziți puțin ulei de măsline la foc mediu-mare.

Adăugați mielul măcinat și gătiți până se rumenește, rupându-l cu o lingură pe măsură ce se gătește.

Adăugați ceapa și usturoiul și gătiți până se înmoaie, aproximativ 5 minute.

Adăugați bulionul de pui, cartofii dulci, morcovii, năutul, caise, chimenul și boia și aduceți la fiert.

Reduceți focul și fierbeți timp de 20-25 de minute, sau până când legumele sunt fragede.

Se condimenteaza cu sare si piper dupa gust si se serveste fierbinte.

97. Ciodă irlandeză de miel

Ingrediente:

1 kg tocană de miel, tăiată cubulețe
1 ceapă, tăiată cubulețe
2 catei de usturoi, tocati
2 cesti supa de pui
1 cană morcovi tăiați cubulețe
1 cană de cartofi tăiați cubulețe
1 cană de napi tăiați cubulețe
1 cană țelină tăiată cubulețe
1/2 cană smântână groasă
1 lingura cimbru
Sare si piper
Ulei de masline
Instrucțiuni:

Într-o oală mare sau un cuptor olandez, încălziți puțin ulei de măsline la foc mediu-mare.

Adăugați mielul și gătiți până se rumenesc pe toate părțile.

Scoateți mielul cu o lingură cu șuruburi și lăsați-l deoparte.

Adăugați ceapa și usturoiul în oală și gătiți până se înmoaie, aproximativ 5 minute.

Adăugați bulionul de pui, morcovii, cartofii, napii, țelina și cimbru și aduceți la fiert.

Reduceți focul și fierbeți timp de 45-50 de minute, sau până când legumele sunt fragede.

Adăugați mielul înapoi în oală și amestecați smântâna groasă.

Se condimenteaza cu sare si piper dupa gust si se serveste fierbinte.

98. Cioda de miel si praz

Ingrediente:

1 lb. miel măcinat
1 ceapă, tăiată cubulețe
2 catei de usturoi, tocati
2 cesti supa de pui
1 cană de cartofi tăiați cubulețe
1 cană de praz feliat
1 cană de porumb congelat
1 cană smântână groasă
1 lingura cimbru
Sare si piper
Ulei de masline
Instrucțiuni:

Într-o oală mare sau un cuptor olandez, încălziți puțin ulei de
măsline la foc mediu-mare.
Adăugați mielul măcinat și gătiți până se rumenește, rupându-l cu
o lingură pe măsură ce se gătește.
Adăugați ceapa și usturoiul și gătiți până se înmoaie, aproximativ 5
minute.

Adăugați bulionul de pui, cartofii, prazul, porumbul și cimbru și
aduceți la fiert.

Reduceți focul și fierbeți timp de 20-25 de minute, sau până când
legumele sunt fragede.

Se amestecă smântâna groasă și se gătește încă 5-10 minute sau
până se încălzește.

Se condimenteaza cu sare si piper dupa gust si se serveste
fierbinte.

99. Cioda de miel si ciuperci

Ingrediente:

1 lb. miel măcinat
1 ceapă, tăiată cubulețe
2 catei de usturoi, tocati
2 cesti supa de pui
1 cană ciuperci feliate
1 cană de cartofi tăiați cubulețe
1 cană morcovi tăiați cubulețe
1 cană țelină tăiată cubulețe
1/2 cană smântână groasă
1 lingura cimbru
Sare si piper
Ulei de masline
Instrucțiuni:

Într-o oală mare sau un cuptor olandez, încălziți puțin ulei de măsline la foc mediu-mare.

Adăugați mielul măcinat și gătiți până se rumenește, rupându-l cu o lingură pe măsură ce se gătește.

Adăugați ceapa și usturoiul și gătiți până se înmoaie, aproximativ 5 minute.

Adăugați bulionul de pui, ciupercile, cartofii, morcovii, țelina și cimbru și aduceți la fiert.

Reduceți focul și fierbeți timp de 20-25 de minute, sau până când legumele sunt fragede.

Se amestecă smântâna groasă și se gătește încă 5-10 minute sau până se încălzește.

Se condimenteaza cu sare si piper dupa gust si se serveste fierbinte.

100. Ciură de miel și rădăcină

Ingrediente:
1 kg tocană de miel, tăiată cubulețe
1 ceapă, tăiată cubulețe
2 catei de usturoi, tocati
2 cesti supa de pui
1 cană păstârnac tăiat cubulețe
1 cană rutabaga tăiată cubulețe
1 cană morcovi tăiați cubulețe
1 cană de cartofi tăiați cubulețe
1 lingura cimbru
Sare si piper
Ulei de masline

Instrucțiuni:
Într-o oală mare sau un cuptor olandez, încălziți puțin ulei de
măsline la foc mediu-mare.
Adăugați mielul și gătiți până se rumenesc pe toate părțile.
Scoateți mielul cu o lingură cu șuruburi și lăsați-l deoparte.
Adăugați ceapa și usturoiul în oală și gătiți până se înmoaie,
aproximativ 5 minute.
Adăugați bulionul de pui, păstârnacul, rutabaga, morcovii, cartofii
și cimbru și aduceți la fiert.
6. Reduceți focul și fierbeți timp de 45-50 de minute, sau până
când legumele sunt fragede.
Adăugați mielul înapoi în oală și gătiți încă 5-10 minute sau până
când se încălzește.
Se condimenteaza cu sare si piper dupa gust si se serveste
fierbinte.

CONCLUZIE

Ciorba este o supa clasica care a fost savurata de secole si ramane favorita printre multe. Bulionul său bogat și cremos, combinat cu bucăți de fructe de mare sau legume, îl fac hrana de confort suprem. Cu nenumărate variante și modalități de a o personaliza, sopa este un fel de mâncare care poate fi savurat de toată lumea. Indiferent dacă sunteți un iubitor de fructe de mare sau un vegetarian, o preferați groasă și cremoasă sau cu un bulion mai ușor, există o rețetă de ciupă pentru tine. Așa că de ce să nu încercați să faceți un lot de ciorbă și să descoperiți de ce această supă iubită a trecut testul timpului.

Milton Keynes UK
Ingram Content Group UK Ltd.
UKHW020706290823
427678UK00015B/657